홍차로드

당신은 언제나 옳습니다. 그대의 삶을 응원합니다. – **라의눈 출판그룹**

홍차로드
The Tea Road

초판 1쇄 | 2015년 10월 12일
2쇄 | 2016년 9월 5일

지은이 | 오월
펴낸이 | 설응도
펴낸곳 | 라의눈

편집장 | 김지현
마케팅 | 김홍석
경영지원 | 설효섭
디자인 | Kewpiedoll Design

출판등록 | 2014년 1월 13일(제2014-000011호)
주소 | 서울시 서초중앙로 29길(반포동) 낙강빌딩 2층
전화번호 | 02-466-1283
팩스번호 | 02-466-1301
전자우편 | eyeofrabooks@gmail.com

ISBN : 979-11-86039-41-0 13590

잘못 만들어진 책은 구입처나 본사에서 교환해 드립니다.
책값은 뒤표지에 있습니다.
라의눈에서는 독자 여러분의 소중한 아이디어와 원고 투고를 기다리고 있습니다.

홍차로드
The Tea Road

오월 지음

라의눈

차례

PART I

Herstory

홍차의 역사와 종류

홍차,
유럽에
천대 받다

중국에서 태어나 세계로 뻗어나간 차茶는 유럽의 문화를 꽃피웠다. 이 과정에서 영국의 독주로 이어지는 장대한 세계사가 전개된다. 이것을 손에 넣기 위한 치열한 경쟁은 식민지 개발, 전쟁과 독립 운동이라는 역사적 사건을 만들어 냈다.

10세기 중반만 해도 동양은 사람들이 살기에 모자라지도, 그렇다고 남지도 않은 넉넉한 땅이었다. 자연으로부터 얻을 수 있는 먹을거리로 이웃끼리 정을 나누면서 옹기종기 모여 사는 순수의 땅이었다.

그러던 어느 날, 평화로운 해안가가 갑자기 시끄러워지기 시작했다. 후추와 계피, 설탕이나 정향과 같은 달달한 향신료를 찾아 항로를 동쪽으로 돌린 서쪽에서 온 바닷사람들

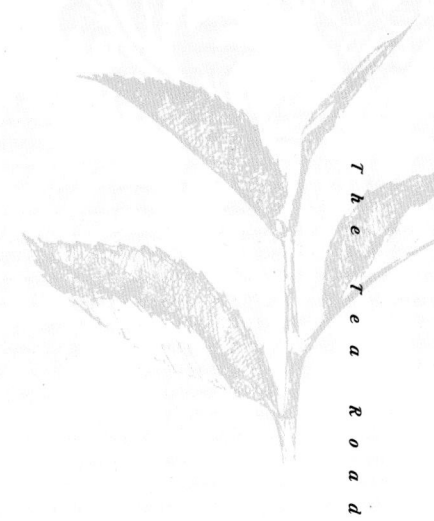

때문이었다. 때는 1550년경, 겉으로는 기독교를 전파한다는 허울 좋은 명분을 가지고 있었다. 해양 강국인 스페인, 포르투갈 선원들이 유럽인으로 동양에 첫 달갑지 않은 불청객이 된 것이다. 그 전에도 실크로드를 통해 많은 대상들이 오가긴 했지만 동양사는 그게 아니었다. 이들을 침입자 1호로 기록해 놓았다.

생필품의 하나였던 차에 관해서 유럽인들은 무지할 따름이었다. 어느 정도였냐면, 차를 선물 받은 포르투갈 사람이 한 잔 마셔보더니 쓰기만 하고 아무런 맛도 없다고 화를 내면서 던져 버렸단다. 더욱 기가 막혔던 사건은 차를 약으로만 알고 있을 때라, 달이고 남은 잎에 소금을 뿌리고 버터를 발라먹었다고도 했다. 그중 최악은 영국 어느 도시에서 달인 물은 버리고 잎만 먹었다는 개그 소재와도 같은 일화다. 중국인이 그런 광경을 보았더라면 포복절도抱腹絕倒했을 일이다.

배에 갖은 향신료를 실으면서 하찮은 물건 몇 개 끼워주는 식으로 홀대받던 차가 세계 경제를 좌우하고, 전쟁을 일으키는 핵심 키워드로 세계사를 장식하게 될 줄이야!

홍차의 나라, 영국

차는 수백 년 동안 동서양의 운명을 쥐락펴락했던 감성의 무기였다. 유럽의 강자인 포르투갈과 네덜란드를 젖히고 영국이 해가 지지 않은 나라로 떠오른 이면에는 차의 파워가 컸다. 중국의 아편전쟁이나 미국의 보스턴 차사건은 영국이 사활을 걸고 세계를 제패하고 싶은 욕망이 부른 결과이다. 커피보다 진한 감성에 여느 음료보다 강렬한 홍차, 이 속에는 영국의 그칠 줄 모르는 도전과 속성이 드러나 있다. 홍차하면, 영국이 우선 떠오르는 남다른 이유가 있는 것이다.

명나라1368년~1644년 때 중국을 방문한 포루투갈 수도사 가스파르 다 크루즈Gaspar da Cruz는 그가 남긴 1556년에 발간한 『중국에 관한 연구』에서 처음으로 차를 소개했다.

"고귀한 가문에서는 집에 손님이 방문하면 차Cha라는 음료수를 대접한다. 이것은 약간 쓰고 붉은색이 감도는데, 몇 가지 약초와 혼합해 만든다."

이듬해인 1557년, 홍콩 마카오에 교역기지를 설치한 포르투갈은 네덜란드 헤이그로 차와 향신료를 운송했는데 차의 수입과 함께 중국과 일본 땅을 밟은 유럽 최초의 국가가 되었다. 네덜란드의 뒤를 이어 영국이 도전장을 냈다. 주위 나라들에 비해 영국이 차를 접한 시기는 반세기 가량 뒤처져있었다.

1657년에는 런던의 커피하우스 개러웨이스^{Garraways}에서 네덜란드로부터 수입한 차를 팔기도 했지만 공식적인 차 구입년도는 1664년부터다.

귀중품(!)을 찾는 구매자가 늘어나면서 대중에게까지 다가가기는 그리 오래 걸리지 않았다. 출발은 늦었지만 '늦게 배운 도둑질이 날 새는 줄 모르는' 격이 된 것이다. 선발주자의 수명이 짧았던 탓에 마음까지 급해진 후발주자의 야망은 이때부터다.

유럽인들이 동양의 신비한 아로마라고 했던 차를 귀족들의 사교 문화로 만들어 낸 건 영국이었다. 중산층도 접할 수 없는 최고급 사치품이었다. 동양에서 식용이자 약용으로 쓰이던 귀한 차가 영국 왕족의 테이블에 최고의 음료로 오르게 된 것은 1662년 포르투갈의 캐서린 브라간자[1] 공주의 공로가 크다. 영국의 찰스 2세와 정략결혼을 할 때 홍차는 설탕과 더불어 지참금의 하나였다. 얼마나 고가품이었으면, 세계인은 물론이고 신랑인 찰스도 놀랐다는 후문이다. 한 예로, 당시 홍차 1킬로그램을 사면 덤으로 얹어주는 상품 광고가 등장했다. 신조어로 말하면 원 플러스 원[1+1] 전략이다. 그것이 무려 피아노였다. 이후 캐서린은 일본의 다기, 중국의 도자기를 귀족들에게 유행시켰던, 말하자면 문화 선구자였다.

상류사회 품위의 트렌드로 부상한 차는 애프터눈 티^{Aftrenoon tea}로 최고급 이미지 코드를 하나 더 보탰다. 오후 3시~5시, 즉 점심과 저녁 사이 배

---

1 캐서린 브라간자(Catherine of Braganza,1638~1704): 남편인 찰스가 왕으로 있던 20여 년 동안 차와 더불어 차 세트 도구들을 왕족들과 귀족들에게 보급시키고 유행을 주도한 차의 선구자다.

가 출출해질 무렵에 차를 매개체로 한 번 더 사교 모임을 가지고 싶었던 것이다. 가벼운 빵을 곁들인 '하이 소사이어티 티 파티'였다.

그 시간에 홍차를 즐기는 것으로 유명해진 그레이Grey, 1764년~1845년 백작이 있다. 그는 1806년 중국을 방문한 로버트 잭슨이라는 상인에게 훈연 향스모크 향이 나는 정산소종2을 선물 받게 된다. 백작이 차를 마음에 들어 한 것을 안 로버트는 재주문이 어려워지자 고민에 빠지기 시작한다.

그를 위해 비슷한 맛을 내기는 해야겠고, 훈연 향 대신 베르가모트 bergamot, 감귤류 향으로 얼버무려 얼 그레이 홍차를 고안했다. 제조사는 트와이닝Twining 사였는데 회사는 오리지널 향을 구할 수 없어 할 수 없이 다른 것을 첨가하는 블렌딩 방식을 사용했다. 백작 이름이 붙은 얼 그레이 Earl Grey는 가향차의 시조로 지금까지 고공 행진 중이다. 지나친 충성심이 빚어낸 신제품 출시였다.

뭔가 첨가된 홍차가 인기를 누리자 식료품상 주인인 포트넘 앤 메이슨 Fortnum&H. Mason도 얼 그레이 같은 제품출시에 뛰어들게 된다. 출발은 중국의 홍차, 정산소종 '따라 하기'였는데 나중에는 한술 더 떠 훈연 향에 베르가모트 향을 더해, 묘하면서 강한 향을 만들어냈다. 당시로선 파격적인 시도였다. 이렇듯 중국의 차는 영국인에게는 동경과 우월의 대상이었다. 도전과 장사꾼 기질이 합쳐져 특화된 패키지 차를 선보인 것이다. 엉뚱 레

---

2 정산소종을 영국인들은 랍상소종이라 부른다. 순수 진품 정산소종은 거의 없다. 중국인들이 달가워하지 않는데다 동목 촌에서도 향이 강해 향이 약한 랍상소종만 생산하고 있다.

얼그레이

시피로 명품이 탄생된 본보기다. 명품의 뒷이야기를 듣고 있으면 드라마처럼 생각지 못한 반전이 숨어있다. 홍차의 나라, 블렌딩의 나라로 이미지 굳히기에 성공한 영국의 이야기다.

티타임의 대명사가 된 애프터눈 티 외에 하층민 계급에서 출발한 브레이크 타임break time이 있다. 1878년 산업혁명 시절, 좀처럼 능률이 오르지 않는 인부들을 본 농장주인의 아이디어로 시작되었다. 설탕과 카페인이 들어있는 홍차를 인부들에게 넉넉하게 공급했더니, 전보다 농장 내 분위기가 상승하면서 일의 능률도 상승했다. 이 때문에 노동력이 절실히 필요했던 많은 공장들도 차 공급에 나섰다.

당시 차와 설탕은 여전히 사치품이었지만, 당국으로선 무리수를 두면서까지 시행한 정책이었다. 실제로 노동자들이 빵과 함께 차를 마신 후 생산량이 올랐기 때문이다. 특히 단백질을 제공하는 설탕과 우유를 배합한 밀크 티는 에너지를 치솟게 해주었다. 딱딱한 빵의 식감을 잊게 해주는 따듯한 밀크 티는 노동자들에게 있어 이보다 더 좋을 수 없는 것이었다. 품위의 상징인 홍차를 마시다니, 아마 노동자들도 브레이크 타임에는 잠시나마 귀족적인 기분을 느꼈을지도.

그 전에는 노동자들이 너무도 고된 작업을 하다 보니 피로를 푼다는 게 저녁마다 고주망태가 되는 것이었다. 정부는 이들에게 차를 마시게 하려고 일시적으로 차의 세금을 내려서 가격을 조금 떨어뜨렸다. 이 영향으로 술보다 차를 더 마시게 되고, 그러다보니 일이 끝나면 곧바로 집으로 향하게 되면서 생활도 안정을 찾아갔다.

빅토리아 시대를 배경으로 한 영화나 소설을 보면 집안에서나 밖에서나, 애 어른 할 것 없이 시도 때도 없이 술을 마셔댔다. 당시 영국의 상황은 하수도 시설이 제대로 이루어지지 않아 물이 오염되고 악취가 나서 도저히 마실 수 없는 최악의 환경이었다. 너도나도 할 것 없이 물 대신 애일 Ale과 같은 종류의 맥주를 마셔야만 했다. 모든 사람들이 술에 절어있을 때, 구세주가 출현했던 것이다! 술 중독을 구한 건 나라님도 빵도 아닌, 차였다.

홍차는 노동자들에게는 생존을 위한 원기회복 '박카스' 같은 존재였다. 국민 음료로 자리 잡은 것은 건강에 좋은 음료라는 인식이 퍼지게 되면서다. 안개 낀 날씨와 식수 문제가 걸린 고약한 환경에서 홍차로 인해 사람들의 생활이 호전되었기 때문이다. 지금처럼 차의 종류나 품질이 다양한 시절이 아니었다. 상류층이나 서민층이나 품질의 좋고 나쁨을 떠나 차를 마신다는 자체가 희망이었고 품위유지였던 것이다.

자연히 차 수입은 늘어 가난한 사람들도 차를 마실 수 있는 기회가 왔지만 줄어든 세금 때문에 여전히 나라 재정 상태는 불안했다. 영국의 동인도회사는 초기엔 향신료 종류를 취급해 오다가 차의 흐름을 알고 재빠르게 홍차 쪽으로 기울기 시작했다. 홍차의 운명도 고향을 떠나 유럽에 정착하게 되었다.

미국 독립과
홍차

산업혁명이 지속되는 18세기 중엽, 영국의 재정은 만성 적자에 허덕이고 있던 상태였다. 그러면서 세계재패를 목적으로 전쟁 무기까지 만들고 있었으니. 이래서 착안해 낸 것이 바로 차에 세금을 더 부과하는 정책이었다.

미국에서 차라는 음료가 알려진 시기는 1607년 네덜란드 식민지였을 때다. 그로부터 한 세기가 지난 후 미국의 상류사회는 영국의 상류층 문화를 그대로 베끼고 있었다. 자연스레 차가 1순위로 올라와 있었다. 이런 분위기를 파악한 영국은 법령을 바꿔 미국 상인의 차 밀수입을 전면 금지하는 대신, 경영난에 시달리던 영국 동인도회사에 대미對美 차 수출 독점권을 넘긴다.

설자리가 없어진 미국 상인들은 수년에 걸쳐 타협안을 모색했지만 과도한 식민지 간섭과 과세 정책은 급진파들의 강력한 반대 운동에 부딪치게 된다. 더 이상 참을 수 없었던 급진파 80명은 1773년 12월 16일을 디데이로 잡았다. 그날 밤, 원주민 모호크 족으로 변장하고 항구에 정박되어 있는 선박에서 340여 통의 차 박스를 바다에 던져버리는 대형 사고를 쳤던 것이다. 그 많은 차를 쏟아 부었어도 깜깜한 바다에는 어떠한 흔적도 없었다. 이것이 세기에 유명한 보스턴 차사건Boston Tea party이다. 영국도 질세라 다시 법령을 바꾸어가면서 미국인들을 탄압했지만 행운의 여신은 서서히 미국으로 기울어갔다. 이 사건은 3년 후 미국 독립 전쟁에 불씨를

당기는 결정타였다. 당시 영국 국왕 조지 3세는 광대한 땅과 식민지를 잃는 어마어마한 대가를 치렀다. 이후로 미국인들은 차를 점차 멀리하기 시작했다. 이렇게 홍차의 위력은 대단했다. 미국인의 기독교적 합리적 기질은 차에 있어서도 단순하면서 효율적인 아이템으로 이어졌다. 1930년 차 제조기의 혁명이라는 CTC 기계를 발명했고, 찻잎을 주머니에 넣어 파는 아이디어 제품은 티백의 원조가 되었다. 처음에는 비단 주머니였는데 후에 거즈로 사용하다가 종이^{부직포} 주머니인 지금의 티백이 된 것이다.

1904년 세인트루이스 박람회장에서 영국인 리처드 블리치덴이 뜨거운 음료가 아닌 아이스 티를 처음으로 선보여 차의 현대사 한쪽을 채웠다. 지금도 미국 차의 85퍼센트는 아이스 티다.

∙∙ 일러두기 ∙∙

미국에서는 매년 12월 16일에 날짜가 찍힌 '보스턴 차사건' 기념 봉투가 발매된다.

홍차로드

아편전쟁과
티 레이스

해가 지지 않는 나라의 야심은 끝이 보이지 않았다. 커피 무역 쟁탈전에서 네덜란드에 패한 영국은 그들의 풍토에 맞는 차만이 유일한 해결책이었다. 중국에 인도의 은화와 아편을 주는 대신 차를 사왔지만, 언제나 적자를 면치 못했다. 그런데도 차 소비량은 줄어들지 않자 그들의 고민은 쌓여만 간다. 차는 이미 사치품에서 생필품으로 변화하는 동시에 고급문화에서 대중문화로 이동 중이라 이들에게 있어 차라는 존재는 그 무엇보다 절실했다. 차가 너무도 탐이 난 영국은 호시탐탐 뺏을 기회만 노리고 있었다.

반면, 중국 청나라 왕조1632년~1912년는 차의 무역권을 독점하고 있었기 때문에 영국이 뭐라고 하든 급할 게 없었고, 차의 밀반출을 막는 데만 신경을 곤두세울 뿐이었다. 주권국가로서 대륙이 보는 눈은 교활한 영국이 조공무역을 하는 수준으로 밖에는 보이지 않았던 것이다. 청나라는 번번이 괄시를 받으면서도 돈이 된다면 물불을 가리지 않는 영국의 속내를 익히 알고 있던 터라, 이참에 차 판매대금을 은으로만 달라고 배짱으로 일관하고 있었다.

미국의 독립 이후 은 구하기가 더욱 어려워지자 영국의 재정악화는 바닥을 치면서 두 나라의 관계는 심각해져만 갔다. 가뜩이나 청나라 왕조에 콤플렉스가 있던 영국은 대량의 아편을 반강제로 사라고 압력을 가하고 있었다. 청나라도 뒷짐만 지고 있지는 않았다. 아편 무역과 판매를 중지시

컸지만, 규제를 강화할수록 밀수는 더욱 심해져갔다. 1767년부터 야금야금 수입되었던 아편은 중국인들의 기호품이 되어 버린 지 이미 오래였다. 일개 병사까지 아편 중독에 빠져있을 때라 단속해봐야 의미가 없었다.

1837년 청나라는 아편 폐쇄 정책을 강행하고 판매업자 다수를 체포하는 한편, 아편을 전면 몰수하기에 이른다. 그러자 분노한 영국이 집어든 카드는 전쟁 선포였다. 1840년의 일이었다. 차를 얻기 위해 중국인을 아편 중독에 빠뜨린 장본인이 되레 아편전쟁을 일으키는 적반하장 격이었다. 청나라가 가슴을 치는 일은 영국에 대응하기 위한 준비가 전혀 안 되어 있었다는 것이다. 막강한 군사력을 내세워 대승을 거둔 영국은 홍콩을 장악하면서 난징조약南京條約, 1842년을 맺는 동시에 막대한 배상금을 요구했다. 지불한 액수는 청나라 연간 재정수입의 5분의 1이 넘는 거액이었다. 설상가상으로 이 조약에는 아편금지 조항이 없었다. 청나라가 아편을 묵인할 수밖에 없는 상황이 만들어진 것이다. 이런 일방적 조항에 '울며 겨자 먹기 식'으로 사인을 해야만 했던 청나라는 이때부터 반식민지로 전락하는 수모를 겪어야 했다. 결과적으로 왕조가 기울어지는데 차가 한 몫을 한 셈이다. 주권만 빼앗긴 것이 아니었다. 강제로 나라의 문이 열리면서 하늘이 준 덕으로 영원할 줄 알았던 청나라의 차도 내리막길을 걷게 되었다. 머피의 법칙처럼 안 되는 일만 겹쳐오고 있었다. 1840년 전후는 차의 세계지도를 바꿀 아쌈 차가 용의 머리로 부상하고 있을 때다.

왜 하필 이때였을까! 동양의 문명을 대표하는 인도가 영국의 산업혁명으로 인해 초토화된 마당에 또 다른 문명을 대표하는 중국의 내리막길이라니!

아편전쟁으로 갑과 을은 자리를 바꿔 앉았다. 따라서 힘의 이동도 갑의 방향으로 쏠리게 되었다. 그간 수모를 당한 영국이 드디어 중국에 한풀이를 할 수 있는 기회가 왔다. 갑인 영국은 을인 중국에 대고 5개 항구를 조속히 개방하라고 으름장을 놓았다. 막아 놓은 것을 다 열어 놓으면 우리가 알아서 한다는 식이었다. 대륙을 석권한 영국이 이번 기회에 자유무역을 통해 이익 창출을 올려보자는 속셈이었다. 경쟁에서 이기는 자만이 살아남을 수 있다는 자본의 논리였다.

차를 운송하는 선박이 런던 경매 시장에 누가 먼저 차를 대는지를 두고 경쟁을 벌이기로 했다. 차가 원산지에서 런던에 도착하는 기간은 거의 1년이란 세월이 걸렸다. 해마다 새 차가 출하되는 시기에 맞추어 차를 싣고 오는 게임이 티 레이스tea race이고, 차를 운반하는 쾌속선을 티 클리퍼tea clipper라 부른다. 신속히 도착한 차에는 높은 가격이 매겨졌고, 선장에게는 인센티브까지 지급되었다. 시간이 돈이었기 때문에 빨리 목적지에 갔다 돌아오는 것이 관건이었던 것이다. 스포츠 경기처럼 시민들은 패를 나눠 응원을 펼쳤으며, 승자에게는 상패도 걸린 엄연한 '경주'였다. 내기 도박까지 벌어질 정도로 봄 시즌에 열리는 핫 이슈 종목이었다.

1850년 12월, 여러 나라의 범선이 경기에 나섰지만 제일 먼저 미국의 오리엔탈Oriental 호가 95일이라는 기록적인 속도로 런던에 닻을 댔다. 영국 선박들이 싣고 온 차에 비해 두 배나 비싼 가격에 거래되었다. 상대가 과거 식민지였던 만큼 약이 오른 영국은 미국의 설계를 모방한 쾌속선을 다시 만들어냈다. 이 배는 영국의 자존심을 살려주었지만 신나는 내기 경기는 오래가지 못했다. 1869년 수에즈운하가 개통되고 두 배 이상 거리 단축이 되었고, 와트의 발명품과 증기선이 바다를 정복했기 때문이다. 이 물건은 1년 이상 걸렸던 레이스를 3개월로 승부를 낼 수 있게 만들었다. 티 클리퍼는 증기선에 자리를 내주고 1870년 해체된다.

티 클리퍼의 종말은 여러 가지 의미가 있다. 가족단위의 소작농으로 생산되는 중국차와 한때 전성기를 누렸던 범선은 시대를 앞서가지 못했다. 중국차를 끝으로 아쌈 발 영국제(!) 차가 동서양을 가로지르면서 급속도로 퍼져갔다. 거대 다원에서 수확되는 아쌈 차는 생산과 판매에서도 스피드가 우선이었다. 증기선은 속도와 이윤을 위해서 유감없이 실력을 발휘했던 것이다.

🕊 일러두기 🕊

중국의 과거사 가운데 아편전쟁은 수치스럽고 뼈아픈 경험이다. 현재도 마약 밀매사범은 중국 법으로 사형에 처한다. 황제가 아편 문제를 해결하기 위해 기용한 임칙서林則徐가 아편 폐기를 단행한 날인 6월 3일은 '아편금지 기념일'이다.

빅토리아 여왕의 홍차

영국은 여왕의 나라다. 만약에 영국의 왕이 남성이었어도 홍차의 나라가 되었을까. 수백 년 동안 여러 왕들이 통치를 해오면서 홍차를 유난히 사랑한 여왕이 있다. 1837년에서 1901년까지, 무려 64년 동안이나 왕위를 지켜온 빅토리아Victoria 여왕이다. 물론, 찰스 2세의 캐서린 왕비 또한 차에 관해 공로가 크지만 빅토리아 여왕은 통치기간이 길었던 만큼 차와 관련한 다양한 족적을 남겼다. 차를 마실 때면 차에 쓰이는 도구들을 티 테이블에 세팅해 놓고 티타임을 즐겼다. 차와 곁들일 쿠키 접시인 3단 트레이나 티 포트, 찻잔 세트에 은제품의 수저 세트까지, 이외에도 다양한 다기를 중국에서 수시로 수입해왔다. 여왕이 사용했던 티 테이블 세팅은 현재까지도 티 푸드의 기본 양식이다. 여왕의 홍차 사랑은 다양한 카테고리를 창조해냈다. 애프터눈 티나 브레이크 타임을 국민들의 생활 관습으로 자리 잡게 했으며, 통치하고 있는 식민지 나라마다 차 산업의 뿌리를 내리게 했다. 1901년, 생을 마치는 날까지 영국 군주로서는 최초로 인도 제국의 황제로 군림하였다. 또한 '해가 지지 않는 나라'로 불렸던 전성기의 주역이자, 차 문화 선구자였다. 그때가 차와 다기 산업이 가장 번성했던 시기다. 재임 기간 동안 산업혁명에 아편전쟁까지 기록적인 세계사가 있다. 통치하는 기간 동안 매년 영국 본토와 맞먹을 정도인 평균 26만 제곱킬로미터씩의 땅을 늘려나갔다. 전 세계 3분의 1을 발아래 두었던 제국의 여왕은 왕실을 벗어날 때도 차 도구와 애프터눈 티를 빠트리지 않았다. 기차에서도 티타임만은 엄격했다. 여왕이 즉위하자마자 처음으로 한 말이, "차를 마시고 싶으니 가지고 오세요."였다고 한다. 캐서린 공주가 영국 땅을 밟자마자 한 말처럼.

여심을 뒤흔든 홍차는 그 어떤 여왕이라도 뿌리칠 수 없는 유혹이었다. 1702년의 앤 여왕도 차 사랑은 빅토리아 여왕에 뒤지지 않았다. 차는 물론이고, 다기 종류들을 중국에서 사들였다. 현존하는 엘리자베스 여왕도 매일 아침 8시면 홍차를 마시며 신문을 읽는다. 여왕이 바깥나들이를 할 때면 반드시 두 개의 상자가 여왕 곁에 따라 붙는다. 비상용 약품과 차 도구함이다. 차는 여왕에게도 생필품이었다.

영국의 소설가 조지 엘리엇George Eliot은 "모든 것이 돌진하듯 움직이는

빅토리아 시대"라고 말한 바 있다. 장수한 제국의 여왕이었던 만큼 기념비적인 빅토리아 이름을 딴 명칭들이 많다. 빅토리아 앨버트 박물관^{Victoria} ^{and Albert Museum}, 아프리카 짐바브웨와 잠비아 사이를 흐르는 빅토리아 폭포, 인도 콜카타의 빅토리아 공원과 빅토리아 이름을 딴 호텔이 전 세계 107군데나 포진되어 있다. 빅토리아 차는 없을까, 기록을 살펴봤다. 과연, 있었다! 1840년경에 한시적으로 아쌈 차를 '빅토리아 차, 제국 차'라고 불렀다. 단일 제품이 아니라, 아쌈 차 전체를 아우르는 명칭으로 영국도 차를 생산하고 있다는, 중국차를 겨냥한 힘의 과시였다.

아쌈,

세계를
제패하다

1947년 8월 15일, 영국은 수백 년의 영화를 뒤로한 채 전 세계인이 지켜보는 가운데 인도의 독립을 선언한다.

한편, 영국이 떠나간 뒤로 북동쪽에 위치한 변방의 아쌈 주는 인도 정부의 관심에서 멀어지게 된다. 그러나 바깥 세계는 홍차의 고향 아쌈 주를 주의 깊게 바라보고 있었다. 차는 유럽 경제사를 뒤흔든 문화상품이었고, 다원으로 뒤덮인 아쌈은 신비주의를 간직한 오래된 미래로 비쳐졌기 때문이다.

아쌈 차의 기원은 기원전으로 거슬러 올라간다. 당시에는 음료로 마셨을 리 없었을 것이다. 민간 약초, 또는 식용으로 사용되어 왔다는 기록만이 있을 뿐이다. 지구상에 있는 자연은 다 존재 이유가 있다고 한다. 쓸모없는 것이란 없다는 의미다. 당대 선조들은 그것이 차 나무인 줄은 몰랐지만, 사람에게 이로운 자연 식물인 줄은 알고 있었던 것이다.

차가 물과 함께 음료로 사랑받게 된 지는 불과 300년에 지나지 않는다. 누구나 접할 수 있게 된 지도 200년을 넘지 못한다. 영국을 뛰어넘어 세계인의 입맛을 사로잡은 아쌈 차는 어떤 것일까. 시작은 영국에서 했지만 근원, 뿌리는 인도로 되돌아온다.

영국을 닮은 차

이름만큼 길고, 거대한 강이 있었다. 티베트 고원 남부의 히말라야 카일라스 산맥에서 출발해 아쌈으로 흐르는 대동맥, 브라마푸트라Brahmaputra 강이다. 강줄기는 방글라데시로 들어가 성지 갠지스 강과 합류한다.

대부분의 강줄기가 최종의 목적지는 바다인데 반해, 이 강은 강에서 최후를 맞는다. 아쌈으로 들어와서는 정글 지역을 가로지르면서 주민들의 식수원이나 생활에 보탬을 준다. 덕분에 강변을 중심으로 차나무들이 기대어 살고 있는 것이다. 후손들은 거대한 강을 '티 리버Tea river'라고도 부른다.

아열대 몬순 기후로 1년에 반은 몹시 후덥지근하고, 반은 선선하면서 따뜻하다. 습기를 동반한 계절풍이 히말라야 산맥을 만나면서 많은 양의 비를 뿌리고 지나간다. 강위에 떠도는 물안개는 찻잎을 적셔주고 높은 습도는 아쌈만의 깊은 차 맛을 만들어 낸다. 일조량이 강해 찻잎의 보호를 위해서는 곳곳에 햇빛 가리개를 대신할 뭔가가 필요했다. 그렇지 않으면

아쌈티 로고 provide Mayur Kumar Gogoi, ASSAM

일사병에 걸려 잎사귀들을 못 쓰게 될지도 모르기 때문이다. 그들과 부채 역할을 하는 그늘나무shadow tree가 바로 그것이다. 기후 변화가 심한 다질링 다원이나 고지대에서 자라는 차나무에는 필요하지 않은 나무다. 그곳에서는 구름이 그 역할을 대신하기 때문이다.

티 리버와 히말라야 산맥 줄기가 어우러진 합작품, 하늘이 주신 천혜의 땅, 바로 아쌈 다원이다.

이 땅은 본래 왕조의 땅이었다. 여성의 한복韓服 소매를 떠올리게 하는 역삼각형 형태를 띠고 있다. 동서남북에 걸쳐 여러 나라에 둘러싸인, 사방이 꽉 막힌 내륙 지역이다. 동쪽으로는 중국, 남쪽으로는 방글라데시와 미얀마가 인접해있으며, 북쪽의 부탄과는 국경을 마주하고 있다. 그나마 숨통을 트여주는 것은 중앙을 가로질러 흐르고 있는 티베트의 성지, 카일라쉬須彌 산에서 흘러내려오는 브라마푸트라 강이다. 아쌈인들은 길이가 2천 900킬로미터나 되는 거대한 강을 '어머니의 강' 또는 '생명의 젖줄'로 여기고 있다.

북동쪽 변방의 7개 주는 1947년 인도 독립 전까지만 해도 인도India country 소유가 아니었다. 여러 부족국가가 모인 왕국이었다. 아쌈 주도 예외는 아

assam map

홍차로드

니었다. 아쌈Assam이라는 단어의 어원은 미얀마와 타이의 전통어에서 유래했다는 설이 유력하다. 아홈Ahom → 아솜Ahsom → 아쌈Assam으로의 변천 과정이 있을 뿐이다.

아홈킹

고대 『베다』[3] 경전에 보면 기원전 300년에서 200년경부터 차를 마셨다고 전해진다. 이보다 먼저 나온 기록으로는 『라마야나』[4]기원전 750년~500년 대서사시에 나오는 이야기다. 승려 달마와 웨이 코뮤니 루Gan lu 두 사람이 차를 마시면서 대화를 나누는 내용이다. 『아유르베다』Ayurveda, 인도 고대 의학 서적 일명 인도 판『동의보감』에도 수 세기 동안 차에 향신료를 섞어 질

---

3 베다(Veda, Vedas) 경전: 고대 인도의 철학과 종교, 그 시대 사회상이 적혀져 있는 BC 1500년 전 문서다.
4 라마야나Rāmāyana: 기원전 2세기경의 인도의 대서사시.

병 치료를 해왔다고 서술되어 있다. 또 『아쌈 히스토리Assam history』라는 책
에는 A.D 1천 년경에 북동부 지방에 있는 다원에서 일하는 원주민의 그림
이 실려있다.

인도 서해안, 고아Goa로 항해하던 네덜란드 탐험가 린스호텐Jan Huyghen
van Linschoten5은 1598년 출간된 그의 책 『포르투갈 항해 여행 목록』에서
"아쌈 나무의 잎은 마늘과 함께 먹는 채소와 음료로서 그들이 이 차를 어
떻게 먹고 마시는가"에 관해 기술한 바 있다.

이렇게 보더라도 아쌈의 차나무는 자생적으로 뿌리를 내린 토종인 것
이 확실하다. 근거는 종자가 입증해준다. 카멜리아 시넨시스 아사미카
Camellia var sinensis assamica. 또 다른 설도 있다. 4세기경부터 아쌈 인근에
있던 부족들이 이동이 잦아지면서 차나무도 따라서 왔다고 한다. 실제로,
라오스나 베트남, 중국의 윈난성Yunnm, 윈난과 이웃 버마나 태국의 북쪽 지
방을 포함, 접경지역에서는 오래전부터 차나무를 심고 잎은 약초로 사용
해왔다. 그러나 당시 고대시대Ancient는 국경이라는 개념이 명확하지 않았
으므로 어느 나라 것이라는 주장은 설득력이 약하다.

1823년 영국이 오랫동안 찾아 헤맸던 차나무가 마침내 인도 아쌈 오지
에서 발견된다. 첫 발견자는 스코틀랜드에서 온 로버트 브루스Robert Bruce

---

5 린스호텐(1563년~1611년): 포르투갈 령 인도 남부 고아에서 대주교 서기가 되어, 6년(1583년~1589년)
동안 고아에서 선교 활동을 했다. 네덜란드로 돌아온 뒤, 인도 사람들의 풍습에 대한 책을 썼다. 『동양 탐
색의 여행에서』(Travel Accounts of Portuguese Navigation in the Orient)

형제다. 이걸 계기로 아쌈 차의 주가는 천정부지로 솟으면서 유럽인이 선망하는 다크호스로 떠오르게 된다. 아마도 영국은 너무 놀란 나머지 제정신이 아니었을 것이다. 그럴 수밖에 없었던 것이 100여 년 이상을 중국차를 차지할 야망으로 안팎으로 해보지 않은 일이 없던 영국이었으니 말이다. 그런데 또 다른 세상이 출현했으니 믿어지지가 않은 건 당연하겠다. 아쌈 차나무의 등장은 세계 경제사를 뒤집는 엄청난 사건이다.

실은, 이보다 훨씬 이전에 영국이 아쌈 지역에서 자생 차나무가 자란다는 것을 어렴풋이 알고는 있었다. 식물학자 조지프 뱅크스Joseph banks, 1743년~1820년는 1778년 「인도에서의 차나무 재배」라는 논문에서 아쌈 차에 관해 여러 가지 가능성을 밝힌 바 있다. 이런 자료를 바탕으로 사실 확인을 위해 동인도회사영국의 인도 경제총괄 무역회사는 일찌기 브루스 형제를 아쌈으로 보낸 것이다. 그러나 뭘 알아야 궁금한 법. 영국이 최대의 소비국이자 수입국이었음에도 불구하고, 차 재배에 대해 아는 지식이 별로 없었다. 그들의 목적은 어떻게 하면 중국차를 손에 넣을 것인가, 여기에만 관심을 두고 있을 때라 아쌈 차나무에 관한 어떤 정보도 한귀로 듣고 한귀로 흘려버렸다. 여전히 베일에 가려진 식물로만 여겼던 것이다. 모처럼의 엄청난 발견이 안타깝게도 빛을 보지 못하는 듯했다.

아쌈 시브사가르Sivsagar 근처에는 원주민인 싱포 족Sinpo tribe이 살고 있었다. 이들은 쌀농사를 지으면서 정글에 있는 나무 잎으로 나물도 해먹고 약용으로도 사용했다. 배가 아프거나 소화가 안 될 때, 오한이 나거나 감기에 걸렸을 때도 잎을 따서 끓여 마시면 가라앉았다. 싱포 족의 비사가모가 정글에서 브루스 형제를 만난 것은 1820년이었다. 그런 나무가 있다는 걸 알려주었지만, 형제는 차나무일까 하며 반신반의하고 있다가 3년 후에 다시 찾아갔을 때는 정신이 번쩍 들었다고 한다. 역사는 1823년 브루스 형제의 아쌈 차나무 발견을 공식 기록으로 채택했다. 그러나 버마와 영국 간의 1차 전쟁이 벌어질 때라 종자나 묘목을 들고 나갈 수가 없었다. 형제는 전장에 나갔다 2년 후에나 돌아왔다. 이때부터 관심을 쏟으면서 본격적으로 전문가에게 의뢰하기 시작했다. 그러나 향후 몇 년간은 중국 종과 다르다는 이유로 아쌈 종은 따돌림을 받았다. 전문가들도 중국 종 외에는 차나무에 관해 아는 것이 없었고, 잎 크기에서부터 차이가 나니까, 변종인가 혹은 다른 품종인가를 놓고 의견이 갈라졌다. 답답했던 총독 윌리엄 벤팅 경이 발 벗고 나섰다. 자신이 설립한 콜카타 다업위원회[1834년 신설]에서 아쌈 차에 대한 연구를 시작하게 했다. 몇 번의 시험 과정 후, 결국은 중국 산과 같은 종자인 카멜리아 시넨시스로 인정을 받게 되면서 1837년 12월, 견본이 도착하였다. 야생 잎으로 중국식 제조법에 따라 중국인에 의해 만들어진 녹차였다.

자칫 영구히 묻힐 뻔한 아쌈 차가 지구상에서 살아남는 순간이었다. 그로부터 1년이 지난 11월, 최초로 아쌈 산産 견본이 런던으로 보내졌다. 1년 뒤인 1839년에는 경매에 붙여졌다. 차 판매가 성공적으로 이루어진 역사적인 시점이다. 영국이 이때부터 차에 사활을 건 것은 두말할 나위도 없다. 뒤늦게나마 핵심을 파악하고 중국에 보란 듯이 유럽 곳곳에 떠들고 다녔다. 런던에 있던 '아쌈 컴퍼니'를 콜카타로 옮겨와서 아쌈 차에만 전념하게 했다. 그러나 버마와의 전쟁으로 인해 인력이 부족한 상태였다. 해외 노동자 1호격인 싱가포르에 있는 중국인을 데려왔지만, 하필 그때 전염병이 퍼지는 바람에 사망자만 속출하였다. 악조건이었지만 고군분투 끝에 1848년 이후에나 약간의 이익을 낼 수 있었다. 그렇지만 본격적인 생산 라인은 20년 후인 1860년부터다.

수백 년 동안이나 독점의 자리를 놓지 않았던 중국차였다. 동서양의 운명을 좌우하고 있던 중국차는 뒤로 물러나야만 했다. 이때부터 차의 역사는 아쌈 차 이전과 이후로 나뉜다.

당시 차 박스 짐을 배에 실어 날랐던 나지라 현장

싱포족

홍차로드

그늘나무 shaclowtree

숨겨진 순교자

아쌈 차의 역사는 수많은 노동자들의 피땀이 얼룩진 눈물의 역사다. 여기에 대표적인 인물, 독립투사 머니람 데완Maniram Dewan**6**을 꼽을 수 있다.

머니람은 혈통이 아쌈인으로, 귀족 명문가 출신이었다. 집안의 어른들은 영국 총독의 신임을 받으며 충견 노릇을 잘 해내고 있었다. 할아버지는 판사였고, 아버지는 동인도회사의 고위직에 있으면서 몇 개의 다원을 소유하고 있는 부유층이었다. 머니람은 조부 덕분에 남부러울 게 없는 집안에서 유년기를 보낸다. 스무 살이 되던 해, 아버지가 다니는 회사 관리직을 이어받으면서 가업인 다원 운영에도 뛰어들게 된다.

어린 나이에 영국인을 제끼고 아쌈에서는 최초의 차 생산업자라는 수식어가 붙었다. 탁월한 능력은 수익성에서도 유럽 사업자들의 부러움을 샀다. 능숙한 영어로 현장의 노동자들과 관리들 사이에 가교 역할을 할 정도로 영민함을 인정받은 사람이었다. 1820년 브루스 형제를 싱포 족에게 소개한 소년도, 1839년에 영국에 신설된 아쌈 컴퍼니로 차 견본을 보낸 사람도 머니람이었다. 1840년대 아쌈 지역은 사람들이 많이 살지 않는 오지의 땅, 정글이 무성한 산악지대였다. 다원 경영이란 정글 개간을 해서 차나무를 재배하는 게 목적인데, 그러기 위해서는 할 일이 태산 같았다. 뙤약볕 아래에서 이루어지는 노동자들의 중노동은 못할 짓이었다. 머니람

---

6 머니람 데완: 본명은 Mr. Maniram Dutta Barooah. 1806년 4월 17일~1858년 2월 26일.

홍차로드

은 다원에서 일을 하는 싱포 족 식구들과 여러 가지 일을 공동으로 추진하면서 작업 조건을 개선해 나갔다.

현장에 사람이 귀하다보니 이웃 나라의 노동자들까지 데려와 일을 시켜야 했다. 1843년에는 중국인 노동자를 떠나보내고, 인도와 버마 노동자들로 대체하기 시작한다. 인력난으로 생각해낸 것이 돈을 벌려는 하층민 사람들을 가족단위로 묶어서 모집하는 방식이었다. 당시 이런 영업만 하는 일명 브로커, 아르카티arkati, 중개인가 따로 있었을 정도다.

1839년 콜카타에 있던 '아쌈 티 컴퍼니'가 나중에 아쌈의 나지라Nazira 지역으로 옮기면서 영국인들의 투자 러시가 이어졌다. '인디안 드림'을 안고 온 그들에게 차나무 농장은 생전에 꼭 가보고 싶은 로망의 대상이었다. 차만 마실 줄 알았지, 나무가 어떻게 생겼는지 본 일이 없는 사람들이었다. 그 전까지만 해도 녹차 나무와 홍차 나무가 다른 줄로만 알고 있었던 것이다. 그런 사람들이 현장의 노동자들에게 취하는 태도는 상상을 초월했다고 한다. 아편전쟁에서 이긴 영국은 농장에다 아편과 사탕수수까지 심게 했다. 급기야는 가중한 노동에 열악한 환경까지 겹쳐서 사망, 혹은 탈출을 감행하는 노동자들이 속출하기 시작했다. 집으로 돌아간 노동자는 10퍼센트도 안 되었다는 끔직한 현장이었다. 비인도적인 처참한 노동 조건과 대우는 미국 남부의 노예와 유사했다고 한다. 영국 의회 문서에 수록되어있는 〈벵골의 차 재배에 대한 보고서, 1874〉에 적나라하게 드러나 있다.

싱포 족으로 출발한 노동자들의 불만은 서서히 커지기 시작한다. 보다 못한 머니람은 아쌈 티 컴퍼니에서 일을 하면서 노동자들의 근무 조건 개선과 월급 인상을 주장했지만, 이로 인해 그는 1년 만에 파면된다. 1851년에는 머니람 가족들과 그가 운영하는 다원의 노동자 158명이 거리로 나앉게 될 처지에 놓였다. 그렇지만 머니람은 투쟁을 멈추지 않았다. 법원에 청원서를 내보기도 하고, 노동자들의 권익 향상을 위해 사방으로 뛰어다녔지만 소용이 없었다. 영국동인도회사의 보호 아래 유럽인 지주들의 횡포만 갈수록 심해질 뿐이었다. 1857년에 참다못한 수백 명의 노동자들이 민중 봉기를 일으키게 된다. 주동자는 머니람 데완이었다. 이듬해까지 이어진 민중들의 난은 실효를 거두지 못하고 아쉽게도 막을 내려야했다. 당국은 사건을 일으킨 노동자들을 잡아다 길바닥에 세워놓고 많은 사람들이 보는 앞에서 공개 처형을 단행했다. 머니람 데완은 주동자라는 이유로 벵갈 주 콜카타로 이송되었다가 그가 열정을 가지고 일했던 아쌈 조르하트 Jorhot7로 되돌아오지만, 며칠 후 감옥에서 형장의 이슬로 사라진다. 1858년 2월 26일, 머니람 나이 52세의 일이었다.

그 후 몇 년 동안 길에서 노동자들의 유골이 떠돌아 다녔다는 흉흉한 소문이 나돌았다. 현장을 목격한 사람들의 증언이었다. 아쌈 지역 중학교 2학년 역사책에 이렇게 쓰여 있다. "아쌈의 순교자, 머니람 데완." 2012년

---

7 조르하트: 아홈 왕국의 수도였던 시바사가르와 나지라에 인접해 있다.

인도 정부는 머니람의 212번째 탄생 기념일에 맞춰 '차이Chai, 인도 밀크티를 인도의 국가 음료로 선언한다고 공표했다. 2018년 4월 17일!

빛과 그림자

아쌈 컴퍼니Assam company는 1839년에 동인도회사와 노벨 문학상 수상자 타고르Tagore8의 할아버지가 의기투합意氣投合해서 만든 회사다. 취지는 정글지대를 개간해서 차나무를 심고 키우는데 목적을 두었다. 출발은 런던이었지만, 몇 주 후에 콜카타로 이전을 한다. 그러다 다시 아쌈의 나지라 지역으로 옮기면서 아쌈 티 컴퍼니Assam tea company로 간판을 바꿔 달았다. 'made in Assam' 마크를 붙인 차가 런던에서 처음으로 경매를 시작했던 바로 그 해였다. 아쌈 차의 존재감이 얼마나 큰가를 말해주는 부분이다.

동인도회사는 1830년부터 정글지대 원주민인 싱포 족과 캄티 족khamti tribe을 데리고 다원을 개간하기 시작한다. 그때만 해도 차 산업이 이렇게 성장할 줄은 상상조차 못했을 때였다. 그러다 유럽인들의 투자 행진을 보면서 급하게 컴퍼니를 아쌈으로 옮겼던 것이다. 이때부터 주주들은 승승장구의 길이 열리면서 다원 그룹의 오너로 성장을 해왔다.

컴퍼니는 1845년 빅토리아 여왕으로부터 로얄 헌정Royal charter을 수상하는 영광까지 누렸다. 이렇게 되자 영국 정부가 갖고 있던 차 지분의 3분의 2까지 관리하라고 내놓을 정도였다. 그러나 엄청나게 커진 규모가 감당이 안 되었는지, 1967년에 다시 본부가 있는 콜카타로 이전을 하게 된다. 결국 컴퍼니는 빛과 그림자라는 양날의 족적을 남기고 아쌈에서 퇴장

---

8 타고르: 1913년 노벨 문학상 수상자 라빈드라나트 타고르(Rabindranath Tagore, 1861~ 1941)는 인도의 시인이자 철학자이다. 방글라데시와 인도 국가를 작곡했다.

한다. 아쌈 차를 다산多産의 1위로 세계 시장에 올려놓았지만, 싱포 족과 머니람 데완이 민중 봉기를 일으키다 형장의 이슬로 사라지게 한 것도 컴퍼니였다.

컴퍼니 주변을 돌아보면, 당시 직무를 수행했던 고위직 인사들 63명이 잠든 묘지공원이 뒤편에 있다. 이곳에서 생을 마친 유럽인이 많았던 걸 보면 풍족한 삶을 주는 컴퍼니가 신의 직장이 아니었나 하는 생각을 해본다. 기록에 보니, 흥미로운 묘지가 눈에 들어와서 그곳을 찾았던 적이 있다. 윌리엄 로빈슨William robinson9 묘비에는 아쌈어에 대한1839 문법이 비문으로 새겨져 있다. 식민지에 온 미국인 선교사가 아쌈 언어에 관심을 가졌다는 것과 기독교 교화를 위해 일찍이 인도의 아쌈 지역까지 왔다는 사실이

윌리엄 로빈슨 묘비 photo by Mayur Kumar Gogoi, Assam

9 윌리엄 로빈슨: 미국의 역사학자. 벵갈 주 교회 목사 겸 선교사.

홍자로드

1800년대 공장 내부, 다원, 포구 풍경

흥미롭다. 내가 갔을 때는 관리인이 없는지 풀만 무성해서 제대로 돌아볼 수가 없었다. 당시 직원이었던 분이 생존해 계시다고 해서 댁으로 가서 뵙게 되었다. 86세의 라흐만 SD Mohbobur Rahman 씨! 그는 마지막 남은 컴퍼니의 산 증인이다. 입사한 지 1년 만에 인도 독립을 맞이했다. 1946년부터 회사가 이전하기 전까지 22년간을 전기기사로 일하셨다.

주말이면 사내 마당에서 폴로 경기 열기가 대단했단다. 인도인은 들어

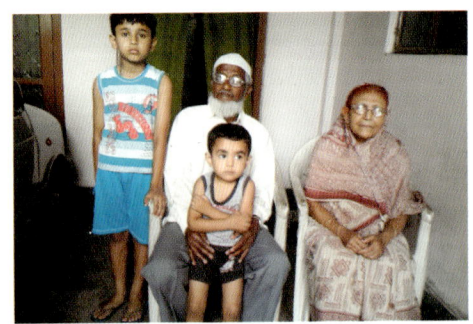

라흐만 씨

옛 아홈 왕궁을 아쌈 컴퍼니 사무실로 사용

아쌈 홍차Teabox, assam 1st flush 1889 | provide: Mayur Kumar Gogoi, Assam

다질링 홍차Teabox, darjeeling 1st flush 1892 | provide: Mayur Kumar Gogoi, Assam

갈 수도 없고 경기도 먼발치에서 구경할 수 있을 뿐이었다. 장교들의 사교 클럽도 영국인들만 출입이 가능했다. 현재는 사무실로 쓰고 있고 투지의 현장이었던 경기장은 허허 벌판으로 남았다. 월급은 괜찮았다고 한다. 당시 1paise= 1Rs. 지금의 화폐가치로 보면 한화로 약 100만 원 정도다. 노동자들 일당은 0.15파이사, 약 1천 원 정도였다. 라흐만 씨 말고도 전기기사가 몇 명 더 있었는데 다른 업무보다 대우가 좋았다고 했다. 그는 공장 안에서 생산가동 전기 일을 맡았다. 생필품도 지원받고 영국인들 파티에 1년에 한두 번은 초대를 받았다. 순교자 머니람 데완에 대해 물어봤다. 150년도 더 지나간 일이지만 전해오는 소문에 의하면 많은 인도인들이 말을 못한 채 가슴이 미어졌다고 한다. 아쌈 티 컴퍼니는 힘든 일도 많았고 실수도 있었지만, 아쌈 차를 끌어간 원동력이다. 총체적 역사의 현장이자 아쌈 차의 랜드 마크였다.

**여왕의
홍차**

처음부터 중국차에만 매달렸던 영국이 1840년대부터는 아쌈 차에 총력을 기울이게 되었다. 영국인의 속성으로 봐서 갈아탄 이유는 명백하다. 중국차에 맺힌 한을 풀고 싶었고, 다원은 황금의 노다지를 캐는 광산이나 다름없기 때문이다. 빅토리아 시대부터 엘리자베스 여왕으로 내려오는 긴 세월 동안 여왕에 의해 여왕을 위한 다원을 일찍부터 조성한 것은 당연한 수순이라고 본다.

아쌈의 다원은 세계 수출의 60퍼센트를 차지할 정도의 방대한 규모이자, 엄청난 수확량에 콧대가 높은 곳이다. 공식적으로는 800여 개의 다원이 있지만 알게 모르게 크고 작은 다원이 곳곳에 널려있다. 조금만 시내를 벗어나면 아쌈인들이 자기 집 앞마당에 차나무를 키우는 광경을 볼 수 있다. 오래전부터 내려오는 살림 패턴이다. 평상에 앉아 찻잎을 손수 말리고 덖는 모습도 간간히 비친다. 아직도 전통 수제 방식으로 차 만드는 솜씨를 가진 주부들이 꽤 있다.

북동쪽 끝으로 가자면 마르게리타Margherita라는 마을이 나온다. 차와 석탄 산업으로 유명한 곳인데, 영국 통치 시절 탄광에서 일하는 이탈리아 광부들의 업적을 기념하기 위해 당시 여왕의 이름을 땄다. 그곳에는 지금도 여왕을 위한 다원들이 즐비해 있다. 여왕의 홍차라는 호칭은 진즉부터 붙여진 이름이다.

일찍이 영국은 홍차를 위한 연구 시스템이 활발하게 이루어졌다. 영국

왕립화학협회는 전문가로 구성된 세계적인 화학단체다. 이곳에서도 최고의 품질로 인정하는 잎은 아쌈의 홀잎Whole leafs, 온잎 뿐이다. 여왕의 홍차, 부를 자격이 충분하다.

그러나 3대 명차[10]에는 아쉽게도 아쌈이 빠져있다. 명품이란 것이 본래 희귀성이 우선인데, 아쌈 차는 일반적인 CTC 차를 비롯해 티 블렌딩이나 혼합형 스트레이트 차까지 끼지 않은 데가 없다. 대중성이 뛰어난 마당발이다 보니 잎의 우수성에도 불구하고 한발 물러서 있을 수밖에 없는 것이다. 인도 북동쪽에서 성장하는 아쌈 종자는 건강하고 우수하다. 곳곳에 혜택을 주니 말이다. 네덜란드 자바다원, 스리랑카실론, 아프리카의 다원들, 인도네시아, 미얀마, 태국, 터키의 차나무가 모두 아쌈 종이다. 전 세계에 뿌리를 내린 아쌈 종자는 대영제국을 이끌어 준 으뜸 공신이었다.

---

10 3대 명차: 중국의 기문, 스리랑카의 우바, 인도의 다질링.

여왕의 상징 황실장미 무늬 찻잔

신의
물방울

아쌈은 다질링 이상으로 차나무가 자라는 데 있어 천혜의 조건을 가지고 태어난 땅이다. 엄청난 비와 강한 햇빛, 높은 습도는 차나무 성장에는 최상이다. 지구상에 이만한 혜택을 받은 땅은 없을 것이다. 초등학교 시절, 사회시간에 배운 '세계에서 강우량이 제일 많은 아삼 지방', 바로 그 아쌈이다.

밤새 물기를 머금은 찻잎은 아침이 밝아오자 햇빛에 반사되어 은빛으로 부서진다. 대기는 안개에 덮여있다 곧바로 걷히기 일쑤다. 후덥지근한 더위는 불쾌지수가 높아 사람에게는 짜증스럽지만, 잎이 영양분을 품는 데는 최적이다. 시도 때도 없이 변하는 날씨는 아니지만 한 번 움직이면 스케일이 커서 걱정이다. 몬순시즌^{장마} 때만 되면 홍수 때문에 주민들이 골치를 썩는다. 하루에만 250에서 300밀리미터씩 비가 내리는 날도 있다. 하루 종일 드럼통으로 쏟아 붓는 수준일 거다. 우기 시즌에는 강폭도 배로 넓어진다. 강의 물살에 따라 강물위로 습도와 안개가 최고로 번창해질 때다. 강에 기대어 자라는 차나무들은 드디어 번성기를 맞았다. 또 비가 오지 않는 날은 너무 더워 탈이다. 40도가 육박할 정도로 살인더위다. 여기에 습도까지 기승을 부리니 자연적으로 온실효과는 맡아 놓은 것이다. 차나무가 쑥쑥 자랄 수밖에 없다.

지금은 세계가 부러워하는 광대한 다원지대이지만, 영국이 차나무를 재배하기 전까지 아쌈은 쓸모없는 정글지대였다. 이런 땅에 차나무가 없었다면 사람들은 숨도 제대로 쉬기 어려웠을 것이다. 서로가 윈윈win-win 하는 삶이다. 자연의 이치에 따라 자라는 차나무들이 사람들에게 혜택을 주는 성분을 가지고 있다는 것 또한 행운이다. 최고의 아쌈 차는 새순이 움트는 봄도 아니고 몬순시즌인 여름 차다. 5월, 6월의 물이 오를 때로 올라있는 나무는 성분 또한 풍부해져서 '신의 물방울'이라고 부른다. 이 기간에는 특유의 몰트 향을 품으면서 성장해 나간다. 해마다 두 번째로 수확한다고 해서 세컨드 플러시2nd Flush라는 이름이 붙여진 찻잎은 단연코 베스트 오브 베스트Best of best다.

21세기
폭발적 신기술

1800년 후반의 중국차는 전통의 수제 제다법Orthodox으로 아쌈 차와 승부를 걸고 있었다. 고품질의 차별화된 상품은 비싼 가격에 거래가 되었다. 그러나 인도는 중국차와 비교해서 가격 면에서 좋은 성적을 낼 수 없었다. 기존의 로터반기로는 경쟁력에서 밀렸기 때문이다.

이때 나온 CTC기 제조법은 생산에 가히 폭발적이었다. 1930년 윌리암 먹케쳐William Mokercher, 美가 발명한 기계다.

CTC란? Crush(으깨다), Tear(찢다), Curl(돌돌 말다)

CTC 제다법	전통 오소독스
채엽	채엽
위조	위조
선별	비비기
CTC 기계 (찢기, 유념, 발효, 건조)	산화 건조

CTC 기계를 사용함으로써 수백 년 고수하던 제다 과정도 바뀌게 된다. 유념, 산화와 건조까지의 전 과정을 기계 하나로 신속하게 끝내는 방식이다. 채취한 찻잎을 시들게 한 다음, 로터반 기계로 잎을 적당히 분쇄한다. 선별은 로터반 기계로 들어가기 직전에 이물질 제거 작업을 잠시 거치는 것이다. 그런 다음 CTC 기계로 들여보낸다.

찻잎을 으깨고Crush, 찢고Tear, 둥글게 말고Curl의 3단계를 거치면서 빠른 시간 안에 홍차의 완성도를 높인다. 형태는 과립형 입자와 좁쌀모양 입

CTC 브로큰티를 한번 더 깍은 것. 아쌈에서 밀크티용으로 사용함 | photo by Assam heritage tea

자로 형성된다. 동글동글 말려 있어서 흐트러지거나 손상되는 일없이 원형 그대로를 유지할 수 있다. 이동할 때나 해외 수출에서도 안정감이 생겨 신뢰성을 높인다. 이것도 크기에 따라 등급이 매겨진다. 아쌈처럼 습도가 높은 지역에서는 위조를 길게 잡으면 잎들이 썩을 염려가 있다. 이런데서 시간을 낭비하니까 그동안은 좀처럼 능률이 오르지 않았다. 이런 모든 점을 보안한 CTC 기계는 시간에서도 성과를 냈다. 기존의 방식이 잎만을 사용했다면 CTC 방식은 3~4장의 잎이 붙어있는 가지까지 통째로 사용한다는 점이다. 엄청난 양이 동시에 부서지니까 가지에서 잘려나간 부스러기가 조금은 끼어있게 된다. 시간과 양을 동시에 해결한 황금 알을 낳는 제조기다. 대량 생산으로 값이 저렴해지면서 세계시장은 곧바로 반응을 보였다. 2009년에는 인도 전체 물량의 60퍼센트 기준인 51만 톤이 생산되었을 정도다. 현재는 다원의 약 75퍼센트가 이 기계를 사용하고 있다. 나머지 다원에서도 로터반 기계를 병행하면서 CTC로 전환 중이다. 이렇게 만들어진 차는 종래의 창조적 이미지를 벗어나야만 했다. 공법의 아쉬운 점은 잎의 크기와 맛, 향이 다 엇비슷해졌다는 것이다. 캐릭터가 사라졌다는 의미인데, 그러나 과립 모양의 크기는 물에서 빨리 녹으면서 연한 갈색 오렌지의 탕색을 만들어낸다. 신기하게도 시간이 갈수록 색은 맑아지는 경향이 있다. 대신 맛은 다소 강해져 티백^{Tea bag}용이나 밀크 티용으로 사용하기에 적합하다. 색색의 꽃향이 가미된 가향차^{加香茶}나 지역끼리 믹싱된 블렌딩 차를 만드는 데도 CTC는 손색이 없다. 짧은 시간에 우려진 홍차는 아무데서나 마시기 편하고 간단해서, 패스트푸드를 선호하는 현대인에게 있어서도 획기적 제품이다. 급속도로 퍼져나간 CTC 차는 영국 귀족사회 사교모임에 초석이 되었던 애프터눈 티와 브렉퍼스트^{Breakfast} 티 보급에도 영향을 주었다. 저렴한 가격조건이 전통을 이어갈 수 있도록 길을 터준 셈이다.

신속, 대량 생산, 대중화라는 3박자는 누구에게든지 차를 가까이 할 수 있는 기회를 주었다. 사치품에서 생필품으로, 문화코드에서 기호코드로 카테고리가 이동한 것이다. 이것이 영국이 바라는 자본주의 산업화였다. 시대에 맞춘 새로운 공법의 생산 라인에 중국차가 밀려 나는 것은 어쩌면 예정된 절차일지도 모른다.

세상에서 가장
아름다운 나무

차의 지존인 아쌈 차는 영국에 의해 그대로 인도로 전달되었다. 차나무 한 그루 나지 않는 홍차의 나라 영국이 된 것은 아쌈 차 때문이고, 세계 홍차의 대표 주자 아쌈 차가 된 것은 영국 때문이었다.

인도인들이 아침에 마시는 브렉퍼스트 티를 즐기는 습관도 영국을 닮았다. 아침에 일어나서 제일 먼저 접하는 게 신문도 아니고 기도도 아닌, 홍차다. 그런 다음 한두 시간 지나서 아침 식사를 한다. 홍차로 아침을 열고 하루를 시작한다는 말이 있을 정도다. 이것이 현대인이 즐겨 마시는 밀크 티, 인도의 차이^{Chai}다.

인도인들이 하루에 마시는 차는 평균 잡아 일곱 잔이다. 영국인들이 마시는 양과 흡사하다. 하루에 네 잔은 기본이고, 한 사람이 한 잔만 마셔도 10억 인구라 치면, 하루에 10억 잔이 소비되는 엄청나게 큰 판이다. 영국처럼 신분 고하를 막론하고 전 인구가 홍차에 중독이 되기까지는 건강에 좋은 음료라는 인식이 한몫했다.

인도인의 평균 수명은 아시아에서는 그래도 상위권에 포진해있다. 여전히 열악한 환경과 의료 시설의 미비로 평균 수명이 50세 정도인 아시아 여러 나라보다 높은 원인은 차를 많이 마셔서 그렇다는 견해다.

아쌈 차는 1823년 브루스 형제가 인도 북동부 아쌈 지방에서 차나무를 발견한 뒤 우여곡절 끝에 완성된 영국인이 만든 차다. 그동안 영국인들은 아쌈 차를 마시면서도 속내는 중국차만을 인정하고 싶은 아집을 버리지 못했다. 그런데 거의 160년이 지난 지금에서야 아쌈 홍차를 최고의 차로 공식적으로 인정했다. 하루에도 몇 번씩 아쌈 차를 접하면서도 마음을 열지 않았던 그들의 외고집을 꺾을 수 있었던 이유는 세계적 흐름을 모른 척하기에는 더 이상 영국의 체면이 서지 않았기 때문이다. 아쌈 차를 세계가 인정하는데도, 모르쇠로 일관하기에는 차의 나라 영국으로서의 모양새가 좋아 보이지 않았다. 영국 왕립화학협회가 뒤늦게나마 아쌈 찻잎의 진가를 인정했다는 것은 이런 면에서 사건이다. 몇 년 후엔 아쌈 차도 세계 4대 명품에 꼽히게 되지 않을까 기대가 된다.

차 애호가들 중에서도 홍차는 알지만 아쌈 홍차를 모르는 사람들이 의외로 많다. 그러나 조금이라도 관심을 가진다면 늘 마시는 차에 아쌈이 들어있다는 것을 알 수 있다. 성분 표시를 꼼꼼히 확인해보면 '원산지 아쌈'이라고 적혀 있다. 홍보나 마케팅 탓도 있지만, 차를 구입할 때 상표나 유통기한은 눈여겨봐도 성분 표시는 대충 넘어가는 경우가 많기 때문이다. 어떻게 보면 전 세계에 광대하게 포진되어 있는 아쌈 차를 굳이 이름까지 밝힐 필요가 있을까 싶다. 이런 점은 다원의 기질 탓도 있다. 아쌈 지방은 하늘이 준 선물답게 한결같은 무던한 날씨와 티 리버Tea river라는 거대한 브라마푸트라 강이 다원을 품고 있지 않은가. 아쌈은 서두를 필요 없는 여유로움과 느긋함이 넘치는 땅이다. 찻잔의 아쌈 홍차를 보고 있으면 대륙의 기질답게 더도 덜도 아닌 중용의 미덕이 흐르는 것을 확인할 수 있다.

지금의 있는 그대로, 과묵한 모습으로 아쌈 차는 성장할 것이다.

　1913년 노벨 문학상 수상자인 인도의 라빈드라나트 타고르는 100년 전에 아쌈 홍차를 이렇게 내다봤다. "미래의 아쌈 홍차는 모든 사람의 건강을 책임질 것이다."

다질링,

인드라의 선물

히말라야 산맥으로 이어지는 웅대한 자연의 땅. 하늘아래 고요한 평원이 있었다. 꽃들이 만발하고 전나무 숲으로 빼곡한 산자락이 얼마나 아름다우면 옛 사람들이 '언덕의 여왕'이라고 불렀던 것일까! 영국인들이 일찍부터 하계 리조트로 지목한 다질링 시티Darjeeling city다.

도약의 땅 다질링은 히말라야 산맥이 이어지는 인도 동부 벵골 주의 최북단 지역에 자리 잡고 있다. 면적이 3천 149제곱킬로미터로 칼림퐁kalimpong과 쿠르세용Kurseong, 실리구리Siliguri 지역을 포함한 행정구역이다. 중국과 국경지역인 인도 시킴Sikim과 나란히 있으며, 네팔과 부탄 국경 사이에 위치해 있다.

전설에 의하면 인드라 신힌두교신화의 천국의 왕의 벼락이 지금의 땅에 떨어졌다고 한다. 티베트어로 다질링은 '번개를 동반한 벼락이 떨어진 곳'을 의미한다.

Toy train photo by Vikramjit kakati
다질링의 심볼, 히말라야 레일웨이 Himalayan Railway.
두 칸 뿐이라 일명 장난감 기차Toy train로 부름. 1999년 유네스코 문화유산에 등재된 증기기관차.

히말라야의
선물

인도가 영국령이었던 1772년, 영국은 동부 해안의 벵갈만^{Bay of bengal}과 인접한 콜카타 kolkata를 수도로 정하고 런던에 있던 동인도회사^{East india company}를 옮겨왔다. 벵갈만은 차를 비롯해 향료와 아편, 면직물과 은화를 선박으로 실어 날랐던 무역항이다. 선선한 천혜 기후를 가진 다질링과 찜통더위 콜카타와는 688킬로미터 거리이지만, 연 평균 기온은 20도나 차이 난다.

다질링은 네팔^{Nepal} 왕국에서 남쪽으로 뻗은 히말라야 산맥 줄기로 해발 2천 123미터에 위치해있는 산이다. 다원을 가려면 고지^{高地}를 기점으로 100미터 가량 산을 타고 올라가거나 아래로 내려가야 한다. 산행을 해야 하는 난이도가 높은 트레킹 코스다. 더욱이 가파른 계단식 경작지로 이어져있어 아무나 올라 갈 수 없는, 그 자체가 성지^{聖地}인 다원이다.

영국동인도회사은 마시는 차도 모자라 종자인 차나무까지 손을 대기 시작한다. 갖은 수단을 다 동원해서 씨앗과 묘목을 몰래 빼내어 인도 곳곳에다

실험을 해봤지만, 번번이 허탕만 치곤했다. 그러는 와중에 다질링 지방의 묘목만 살아남았던 것이다. 기후나 토양이 중국의 여건과 맞았기 때문이다. 지금도 다질링 차가 중국의 맛과 향을 지니고 있는 것은 이런 이유에서다.

불모지였던 땅이 세계 3대 명차의 하나인 다질링 차의 재배지가 되기까지는 날씨와 깊은 함수관계가 있다. 하루에도 몇 번씩 오락가락하는 기후 변화 덕에 험한 산악지대였던 도시가 '홍차의 샴페인'으로 불리는 허브 산지로 태어난 것이다. 이때가 아편전쟁을 치른 1840년 이후로 본격적인 다질링 차의 출발점이기도하다. 여기에서 원예업자 로버트 포춘Robert fortune11과 네팔에서 온 외과의사 캠벨 박사Dr. Campbell를 놓쳐서는 안 된다.

온대성 기후라 추운 기간이 길어 내한성이 강한 중국 종 차나무만이 견

---

11 로버트 포춘(1812년~1880년): 스코틀랜드의 식물학자. 『차의 나라 중국여행기A journey to the tea countries of China』의 저자. 1863년까지 식물도감, 여행기 등을 5권 더 출간했다.

딜 수 있다. 종자는 중국에서 훔쳐온 씨앗이었는데, 범인은 영국에서 파견한 로버트 포춘이었다. 1835년부터 시험 재배에 들어가서 4년 만에 발아에 성공을 한 것이다. 켐벨은 1839년에 해발 2천 134미터 산기슭에다 차나무를 심기 시작한 선구자였다. 2년 동안 시험 재배를 거친 결과 성공을 거두게 된다. 그는 벵갈 주의 초대장관이 된 이후에도 의사인 본업보다 차 산업에 심혈을 기울였다.

1841년부터 장물로 가지고 온 씨앗 재배는 급속도로 퍼져나갔다. 그 씨로 묘목을 키워 다원을 늘리기 시작했고, 대량 생산에 대비해 연구 기관까지 세우게 되었다. 그 후 몇몇 사람들이 소규모로 따라하자 재력가들도 나서서 투자하기 시작한다. 1847년에는 광대한 토지를 입수해서 3년 후에는 홍차로 가공해 판매도 할 수준까지 되었다.

이로 인해 1860년에서 1864년 사이에 다원은 4개로 늘어난다. 차 산업은 급물살을 타게 되었고, 그 결과 1874년까지 13개6,000헥타르 다원으로 늘어났다. 현재 다질링 행정 구역4개 도시 안에 86개 다원19,000헥타르이 있다. 연간 1천 100만 킬로그램의 홍차가 해마다 출시된다. 이것은 인도 차 생산량의 7퍼센트를 차지하는 수치다.

다원이 늘어나면서 영국은 현장에서 일할 노동자를 끌어들이기 위해 나름의 전략을 준비하고 있었는데, 바로 이주자뿐만 아니라 가족단위로 받아들이는 것이었다. 그들의 친척이 방문해서 정착하게 되고, 그래서 또 다른 노동자들이 모여든다면 그 인원만 해도 상당할 것이었다. 이렇게만

된다면 노동자들이 그곳에서 삶의 터전으로 자리를 잡는다 해도 별 무리가 없을 것이기 때문이었다. 이렇게 하려면 복지 정책이 최우선이라는 사실을 영국은 알았고, 사택과 병원비 및 교육비와 생활비를 저렴하게 해줄 방안을 모색했다. 10세 전 아이들의 노동이 금지되고 워킹맘을 위한 유급 출산휴가와 아기들을 위한 탁아시설도 갖추었다. 1835년까지 불과 100여 명이 전부였던 인구가 1857년에는 1만 명으로 늘었고, 1872년에는 9만 5천 명에 육박했다. 위에서 밝혔듯, 이 사이에 차 재배도 빠르게 확대되면서 네팔의 구르카인들이 대거 이주해왔다.

다질링의 역사나 정치는 이곳만의 독특한 내성을 지니고 있다. 다질링 하면 네팔의 전설적인 군인, 세계 최강을 자랑하는 구르카^{Gurkha}12 용병을 내세울 수 있다. 구르카는 네팔 왕국을 건국한 부족이다. 네팔의 구르카족 출신들로 구성된 구르카인은 용맹의 상징으로 첫손에 꼽는다.

다질링 사람이 된 이들은 네팔 왕국의 사람들이 아닌 네팔리^{Nepali}라고 불러 줄 것을 원한다. 네팔사람하고는 차별화시켜달라는 요구다. 네팔인도, 인도인도 아닌 오직 구르카인들이 구성되어 150여년의 세월 동안 다질링 땅을 일구어낸 것과 다름없기 때문이다. 다질링 땅은 곧 구르카랜드^{Gurkhaland}로, 이들의 자부심 또한 대단하다. 1947년 인도 독립이후, 구르

---

12 구르카: 이들은 제1차 세계대전과 제2차 세계대전, 한국전쟁은 물론이거니와 포클랜드전쟁, 걸프전에까지 영국군에 속해 참전하였다. 현재도 영국 여왕을 보필하면서 약 3천여 명이 영국군으로 복무 중이다. 네팔인들은 아들을 낳으면 구르카 용병으로 보내는 게 희망이다.

지로(Ziro)부족, 아빠따니(Apatani)

카는 주요 정치 세력으로 자리 매김을 하게 된다. 1980년대에는 구르카랜드만의 독립 주를 요구하는 바람에 인도 주 정부와 잦은 마찰을 빚었다. 그 후 구르카 민족해방전선GNLF에 의해 반 자치행정구역이라는 자치권을 얻는다. 이 그룹이 GJMGurkha Janmukyi Morcha 정당이 되면서 완전한 독립을 위한 투쟁은 더욱 거세졌다. 싸움에는 이골이 난 구르카인들이라 현재까지도 투쟁을 멈추지 않고 있다. 이들의 강한 정신력과 체력은 현대사에서도 종종 회자된다.

다질링에서 인구라 하면, 곧 다원과 관련이 있는 사람들을 말하는 것이다. 다시 말해 다질리안하면 구르카인을 말하는 것이며, 다원이 형성되기까지 최고 공로자라고 할 수 있다. 도시를 수호하기 위해 영국과 맞서 용감하게 싸웠을 뿐 아니라 고국을 등지고 이주해온 구르카족이다.

다질링에서 바라본 히말라야 3번째 고봉인 칸첸중가(kanchenjunga) photo by Benoy Thopa, Darjeeling

다질링 중심가

바람이 보내온 겨울 그리고 봄 여름 가을

날씨는 온대성 기후로 한국의 날씨와 흡사하다. 봄의 기온은 20도 전후로 선선하지만, 겨울은 쌀쌀하고 때로는 영하의 기온을 기록할 때도 있다. 어쩌다 눈을 만나는 행운도 얻는다. 산으로 형성된 지형이라 기후 변화가 심하다. 특히 봄날은 계절의 여왕답지 않게 하루에도 몇 번씩 해와 바람과 비가 심술을 부린다. 몬순시즌의 장마는 한국보다 오랫동안 지속된다. 통상 다질링 차의 성장과 수확시기는 성수기와 비성수기로 나눈다. 1년 중 4월에서 6월, 10월에서 11월까지의 5개월을 성수기라 한다. 봄의 3개월을 롱 시즌Long season, 가을의 2개월을 숏 시즌short season이라고 한다. 작황이 좋을 때는 빠르면 2월 말이나 3월에 출시되는 성급한 차가 있는데 이것을 '퍼스트 플러시1st Flush' 또는 '첫 물차'라고 한다.

봄 시즌을 보낸 후 7월에서 9월은 몬순시즌이라 내내 굳은비를 동반한다. 성수기를 건너 12월부터 이듬해 3월까지 4개월 동안은 긴 동면에 들어간다. 이 기간을 비성수기라 부른다.

봄 차와 가을 차의 차이

봄 차는	가을 차는
롱 시즌	숏 시즌
퍼스트 플러시(첫 물차)	오톰널 플러시(가을차)
여린 잎	단단한 잎
황녹색	연갈색
풀잎 향	머스캣(백포도) 향
폴리페놀 성분이 약하다.	폴리페놀 성분이 강하다.
녹차 같은 홍차	블랙 티라고 할 만큼 홍차의 정석
부드럽고 연한 맛	강약의 맛이다.

시즌으로 분류를 한다면, 첫 시즌이라 할 수 있는 3월의 갓 자란 찻잎은 연녹색을 띠고 있으며 따기 애처로울 정도로 연약하다. 덜 산화된 부분이 있는 봄 차는 완전 산화된 홍차보다 녹차에 가깝다고 할 수 있다. 겨우내 가지 속에서 저장된 영양분이 분출될 때라 날씨만 좋으면 빠른 성장을 보인다. 그래서 간혹 성급한(?) 차가 출시될 때가 있다.

일조량이 쌓이면서 떫은맛을 내는 폴리페놀 성분이 잎 안에 저장되는 시기다. 변화무쌍한 날씨 탓에 성장을 방해하는 부분도 있다.

퍼스트 플러시 *1st Flush* 첫 물차는 봄비가 내리는 3월에서 4월 사이에 수확되며, 부드럽고 독특한 풀잎 향을 갖는다. 물색은 금빛 호박색으로 투명도가 높다. 연푸른색, 연갈색, 진갈색의 콜라주이다. 갓 자란 새싹으로 차의 완성품은 아주 비싼 가격으로 대접받는다.

세컨드 플러시 *2nd Flush* 따듯한 햇살을 먹으면서 자란 두 번째 시즌인 6월의 찻잎은 폴리페놀 성분과 머스캣Muscat 향의 농도가 짙게 발산되는 시기이다. 감칠맛이 더한 붉은 탕 색으로 과일 맛을 연상시킨다. 두 물차를 최고의 품질로 꼽는다. 머스캣백포도 향이 난다고해서 무스카텔Muscatel 향으로도 불린다. 5월에서 6월 사이에 수확되며, 맑은 적황색을 띤다. 첫 물차에 비해 향은 옅어지지만 맛은 좀 더 떫으면서 감칠맛이 난다. 시즌 티로는 최상의 차로 꼽는다.

첫물차와 두물차 | photo by Benoy Thapa

　세 번째 시즌인 7월부터 시작하는 몬순시즌에 농부들의 손이 무조건 놀고 있는 것은 아니다. 부지런한 일꾼들은 이때 발품을 팔 충분한 가치가 있다는 걸 안다. 이때 쏟아지는 비의 양은 연 평균 3천 밀리미터 가량된다. 몬순 시기에 나무는 비를 먹으면서 빠르게 자라고 있지만, 향은 다소 떨어지는 경향이 있다. 2세를 위한 준비랄까, 나무 밑에서 열매를 살찌우면서 씨앗과 꽃을 키울 준비를 하고 있다. 이때 따는 잎은 주로 아이스티나 티백에 사용되는 잎이다.

여름차 *Summer Flush* 우기인 7월에서 9월 사이에 수확되는 차로, 비를 머금은 잎은 향은 약해지면서 맛은 더욱 강해진다.

가을 차는 만물이 여물어가는 황금 시기다. 잎 속에 영양분이 다량 함축되어 맛과 향이 뛰어나면서 많은 양을 배출하는 수확의 계절이기도 하다. 짙은 블랙 티로 홍차의 진면목을 볼 수 있다.

가을차(세물차) *Autumnal Flush* 가을인 10월에서 11월 사이에 수확되며 맛과 색이 강한 대신 향은 약하다. 짙은 구리 빛을 띤 진한 색에 사과향이 난다. 이렇게 분류를 해도 1년에 3개월은 긴 잠에 들어갈 수밖에 없다.

동면 시즌에는 다질링 만의 유니크한 티를 만날 수 있다. 나무들의 성장은 일단 멈추었지만 눈을 맞으면서 자라는 극히 미세량의 잎이 있다. 스노우 티Snow tea는 희소가치가 있는 만큼 주문 예약과 동시에 고가로 거래된다.

다즐링 싱아마리마을. 케이블카에서 바라본 티가든

다질링 밀크티

**깐깐한
홍차**

다질링이 세계 3대 명차 대열에 들어간 계기는 새로울 것이 없다. 종자가 중국산이었기 때문이다.

영국은 중국차가 최고다, 라고 인식하는 경향이 있다. 그래서 아쌈 차나무가 차로서 승승장구 했을 때도 별종으로 취급하던 때가 있었다. 중국에 괄시를 받던 영국이 식민지로 부리던 인도 땅에서 중국차가 생산되고 있다니……. 아이러니한 일이 아닐 수 없다.

다질링의 차 산업은 아쌈이나 닐기리를 제쳐두고 독립적으로 성장할 여건이 충분했다. 지구상 어디에 내놔도 살아남을 구루카인들이 참여하는 사업인데다, 다원을 다 합쳐도 몇 십 군데이다 보니 마케팅에서 대체로 성공을 거두는 편이다. 다질링은 세계에서 가장 높고 가파른 땅에서 차를 재배하는 지역이다. 종자는 중국산 토종과 잡종, 아쌈의 개량종이다. 이중

아쌈 개량종은 다른 종보다 수확량이 높아 현재는 중국 종보다 아쌈 개량종이 앞서고 있다. 고산지대에 있는 다원은 고도 610에서 2134미터의 급경사에 있으며 적당히 내리는 비는 나무의 성장을 돕고 수시로 변화는 날씨 탓에 특유의 고급스러운 향을 만들어 낸다.

독특한 향을 자랑하는 머스켓 플레이버Muscat Flavor는 낮과 밤의 온도차로 생기는 안개와 수증기에 따라 형성된다. 생산량이 극히 적어 등급도 다른 차와는 다른 기준으로 매겨진다. 여러 형태의 시즌 차Season tea는 이곳만의 독특하고 다양한 티를 생산해낸다. 똑같은 다원에서 자란 찻잎도 어느 쪽의 공기와 햇볕을 쪼이고 자랐느냐에 따라 차이가 날 수 있기 때문이다.

계절에 따라 향과 맛, 색에서 품질이 달라지지만 그것과는 별개로 다원마다 일관성 있는 캐릭터가 있다. 그 중에 하나가 '빈티지Vintage 홍차 천국'이라는 수식어다. 싱글 에스테이트Single estate, Single origin estate는 단일 다원에서 시기에 맞춰 생산하는 차를 말한다. 이렇게 복잡한 차의 특성 때문에 글로벌 시장에서 차별화된 명차로 각광을 받고 있는 것이다.

또 하나 주목할 것은 두물차2nd Flush에서 튕겨 나오는 머스캣 향이다. 약간은 톡 쏘는 맛을 지닌 이 향을 서양에서는 스파클링 와인을 만드는 데 사용한다. '홍차의 샴페인'이라는 독보적인 카피는 이러한 연유로 탄생한 것이다. 이런 미화된 칭호는 머스캣 향과 야생화 향의 조합이라지만, 실제로 그런 향을 아는 사람들은 별로 없다. 영국 통치 시절 중국차에 오랫동안 맛이 길들여진 유럽인의 성향이라는 말이 있다. 실제로 머스캣 향은 중국의 우롱차olong나 키먼Keemun, 기문 차와 향이 비슷하다는 평가를 받는다. 최고의Super class 감정사도 이런 맛을 식별해내기란 쉽지 않다. 그러나 이것은 하나의 예일 뿐이고, 일반적으로 맛과 향이 봄날의 기운처럼 온화하다고 보면 될 듯하다. 좋은 품질로 세계에서 사랑을 받고 있는 홍차지만 뒷이야기가 분분하다. 해마다 생산량과 판매량이 달라서 순수 다질링 차를 만나기가 쉽지 않다고 한다. 이것은 뭘 의미하는 걸까! 판매된 차의 70퍼센트가 실제로 다질링에서 재배되지 않은 것으로 추정된다. 소비량은 현지 다원에서 생산되는 찻잎의 몇 십 배가 된다. 차가 가짜라는 게 아니고, 다른 곳의 차와 블렌딩된 것까지 다질링 산이라고 말하고 있기 때문이다. 2004년도의 연간 생산량은 1만 톤인데, 알려지기로는 4만 톤이 넘는다고 한다. 이는 글로벌 무역에 심각성을 의미한다. 3만 톤이 어디서 나온 것인가! 어느 해인가 유럽에서 다질링 산産 제품을 전면 금지시킨 적이 있다. 이런 이유로 유럽연합EU에서는 생산 단지에 대한 브랜드를 법적으로 보호하고 있다. 모방과 카피로부터 안전 장치 역할을 한다는 의미다. 그러나 이 제도가 실현됐다는 말은 아직 없다.

차의 컬러는 분류와 등급, 공정에 따라 시즌 티에서 다채롭게 투영된다. 맑고 상큼한 색에서 묵직한 짙은 색상으로, 때론 진갈색이나 옅은 황금색으로, 녹색에서 비취색으로 다채로운 카멜레온 채색이 나올 수 있다. 이렇게 천차만별한 색조는 아쌈 차나 다른 차에는 흔하지 않다. 심지어 중동 사람들은 수색에서 위스키를 닮았다 해서 '베두인 위스키'라고도 한다. 또한 차의 종류별로 색의 조화는 끝없이 변신을 한다. 문 라이트 티moonlight tea와 화이트 티white tea, 스노우 티snow tea와 퍼스트 티1st tea, 세컨드 티2nd flush tea, 그리고 섬머 플러시 티Summer flush tea와 오텀 플러시 autumn flush tea까지. 차 한 잔에도 수많은 스펙트럼이 형성되어있다는 걸 알 수 있다.

갈수록 다질링 차 맛이 달라진다고 한다. 좋은 대안이 없을까!

 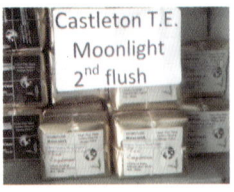 

닐기리,

남인도의
쎄계 3대 홍차

인도의 메인 홍차 생산지로는 세 곳이 있다. 세계 최대의 생산지 아쌈, 3대 명차 대열에 있는 다질링과 남부지역 한 편에 자리 잡고 있는 닐기리다.

아쌈과 다질링은 자주 거론되는 것에 반해 닐기리는 상대적으로 알려지지 않았다. 실론 차와 흡사해서 특별히 내세울 게 없는 데다, 차 역사의 쟁점에서 언제나 비켜있었기 때문이다. 외부의 침입이라고는 전혀 없는 조용한 시골 농원이라고 생각하면 된다. 블루마운틴이라고 하는 닐기리^{Nigiri}, 푸른 산이 끝없이 펼쳐있는 곳이라는 의미처럼 초야에 묻혀 고고히 차 산업에만 매진하고 있는 지역이다. 차도 환경을 닮는다는 말처럼 향이 강하지 않고 잡맛이 없는 수더분한 성격을 가지고 있다. 밀크 티나 어떤 블렌딩도 소화할 수 있는 성질이 있다. 닐기리는 남인도 타밀라 주에 있는 산악지대로 동서로 뻗어있는 가츠^{Ghats} 산

로고 provide: Mayur Kumar Gogoi, Assam

이 만나는 지점의 해발 2천 500여 미터의 고원에 위치해있다. 열대 기후이지만 적당한 비와 선선한 날씨, 때때로 안개가 가득 찬 고원은 다질링과 비유되곤 한다. 가츠 산은 북동풍과 남서풍이 동시에 불어와 차나무가 자라기엔 최적의 기후 조건을 가지고 있다. 그런 날씨 덕에 영국인들이 여름 휴양지로 사용하면서 차나무 단지로 적당하다고 판단이 되었던 것 같다.

중국 종만이 우월하다는 영국인의 고정관념은 닐기리라고 피해갈 수 없었다. 그래서 중국산 나무를 심었는데, 2만 그루의 나무들이 2년을 견디지 못하고 고사해버렸다. 어불성설語不成說이지, 더위에 약한 중국산 소엽종자가 열대 기후에서 살아남는다는 게 말이 되나. 1853년 아쌈의 대엽종으로 바꿔 성공을 거두자 다원을 대규모로 조성하기 시작했다. 닐기리는 연중 내내 수확이 가능하다. 차는 4~5월의 봄 시즌첫물차 1st flush, 9~11월의 오텀 시즌두물차2nd flush, 12~2월의 윈터 시즌3rd flush으로 구별되어 출시되는데 특이사항은 연중 35퍼센트의 수확을 걷어 들이는 윈터 시즌 차를 으뜸으로 꼽는다는 점이다. 때론 영하의 기온으로도 내려가는 윈터 시즌 차는 봄/가을 시즌의 차보다 짙은맛이 더 강하다. 겨울에 따는 찻잎은 한겨울을 이겨낸 보물로 취급받는다. 그러면서 약간은 날카롭고 쓴 맛 때문에 주로 블렌딩 용도로 쓰인다. 아쌈 종이면서 아쌈 같지 않은 조금은 부드럽다는 총평이다.

중국,

넘을 수
없는 산

자연이 인류에게 차를 선물로 준시기는 지금으로부터 5천 년 전인 기원전 2천 732년쯤의 중국으로 거슬러 올라간다. 기원은 신화 속에서 신으로 추앙 받고 있는 신농神農, 산시성陝西省 출으로부터 시작되는데, 지구상에서 제일 먼저 차를 마셨다고 전해지고 있다. 그러나 신화가 두 개 이상 존재하면 기원설에서도 차이가 드러난다. 또 다른 신화는 차의 발원지를 쓰촨성四川省, 사천성으로 기록하고 있다. 기원전 53년~49년의 후한시대 오리진보혜선사이라는 승려가 인도에 불교 공부하러 갔다가 일곱 그루의 차나무를 가지고 와서 쓰촨성 몽정산에 심었다고 한다. 이 가설은 사실이라고 믿을 만한 기록이 여러 개 나와 있어서 신농보다 신뢰도가 높다. 그렇다면 기원은 인도가 되는데, 여기에 대한 정의는 지금도 갑론을박 중이다.

자연이
내린 선물

차에 대해서는 아주 오래된 의학서 『신농본초경神農本草經』에서도 언급된다. 처음에는 약용인 치료약으로 사용했을 거라는 추측이다.

실제인물인 '차의 성인'이라 불리는 육우陸羽가 있다. 그가 20년 동안 정보를 모아 정리한 『다경茶經』은 차의 교과서라 할 수 있다. 책속에는 차의 기원부터 시작해 채취, 제조과정, 다례 및 차의 종류, 다기, 수질과 맛, 차를 통한 정신과 수양의 과정까지 차의 총판이다. 이렇게 중국은 조상대대로 차에 대한 연구를 게을리 하지 않았다. 초기에 차는 도교 사원에서 선仙[13]의 수단으로 사용되었다고 한다. 그러나 이 책으로 인해 만남이라는 '소통의 문화'로 전이된다. 당나라618년~907년 때는 일반인한테도 보급되기 시작했는데, 이때 나온 차들이 긴압차[14]와 말차다. 이후 말차는 승려에 의해 일본 다도茶道 사상의 필수 도구로 대접받게 된다. 전 세계에서 최초로 차에 세금을 부과하는 차세茶稅가 등장한 것도 782년 당나라 때다. 세율은 10퍼센트였다.

1785년에는 녹차 생산지 기문현祁門縣에서 홍차가 생산되면서 유럽시장에서 당대 최고의 인기를 누리기 시작한다. 그 후 3대 명품 반열에 오른 기문Keemum, 치먼 홍차는 5단계등급을 매기는데 별나게도 난꽃 향이 난다

---

13 선: 도교에서 말하는 신선하고 고상하다는 뜻.
14 긴압차: 압력을 가해 눌러 만들어 운반하기 좋게 둥글게 네모난 형태로 만든 차.

는 것이었다. 그러나 일반인들의 후각으로는 훈연향이 살짝 난다고 하는
데, 두 향의 어울림이야말로 기문 차만의 특징이자 자랑일 것이다.

윈난Yunnm, 운남의 공부工夫차는 가장 오래된 산지인 운남에서 만들어진
홍차다. 주목할 만한 일은 품종은 소엽 종이 아닌 대엽 종인데, 그렇다고
아쌈 종도 아닌 자체 생성된 종자다.

중국차에는 주로 떫은맛이 강한 편인데 기문차보다 순하고 달콤한 뒷
맛이 왠지 마시고 싶어지는 끌림이 있다. 두 종류 모두 영국 여왕이 선호
하는 차로서 블렌딩 차가 아닌 깔끔한 스트레이트 차를 즐긴다.

차는 동양인에게는 약재이면서 종교와 철학을 연구하는 인문학적 도구
였다. 이런 차가 1595년 포르투갈의 항해가 아시아로 기수를 돌리면서 상
업적인 음료로 탈바꿈을 하게 된 것이다.

차의 종류도 시대에 따라 변화한다. 녹차생산은 명나라1368년~1644년 때

로 알려져 있지만 아주 오랜 옛날부터 중국차의 시작은 홍차가 아닌 녹차였다. 그때는 단순하게 차로만 알았고, 녹차라는 이름은 후에 부쳐진 것이다. 1716년에 유럽인이 수입한 차도 녹차였다. 찻잎을 가공하는 과정에서 산화에 따라 차의 종류가 다르다는 사실을 안 것은 한참 후다. 하물며 그때 유럽인들이 '홍차나무와 녹차나무는 다르다'고 생각한 것은 당연한 일이다.

홍차를 비롯해 산화차의 시작이 언제쯤인가는 명확한 자료가 없다. 반산화차 원조 격인 우롱차[15]는 푸젠성福建省, 복건성 우이산에서 만들어졌다는 기록이 있다. 처음부터 반산화차 만드는 일 또한 수월하지 않았을 것이다. 하물며 완전 산화인 홍차 제조법은 생각지도 못할 수밖에. 차를 손으로 비비는 작업을 하다가 산화하는 과정으로 진행 되었을 것으로 본다. 그로 인해 지금 같은 홍차에 근접한 산화차가 나왔을 것이라는 추측이다. 『다경술평茶經述評』을 보면 홍차가 만들어진 연대를 늦은 1851년경으로 보고 있다. 그때 처음으로 '홍차' 라는 용어가 등장했다.

차의 주문이 몰리니, 공급은 딸리고 하는 수없이 만들어진 것이 산화차인 홍차였다. 제대로 알고서 한 것이겠냐만, 어쨌든 뜻하지 않게 신차新茶가 출시된 꼴이다. 그러니까 이 제품은 내수용이 아닌 수출용이 되었던 것이다. 고가품이다 보니 가짜도 나돌지 않았을까. 가짜를 진품이라 해도 믿

---

15 우롱차: 중국 남동부 해안에 있는 푸젠성 안계현에서 발행한 〈안계현지安溪縣志〉에 실림.(1725년 ~1735년)까마귀 같은 검정색에 생김이 용처럼 말려있는 데서 유래된 이름.

을 유럽인이었다.

차가 유럽에까지 도착하는 기간은 18개월에서 24개월 정도 걸렸다. 저장이 열악한 상태에서 차가 멀쩡했을 리 만무하다. 그때만 해도 차의 품질을 따질 때가 아니었다. 좋고 나쁘고를 떠나, 다 아껴서 사용했을 것이라고 추측한다. 녹차보다 산화된 홍차가 운반도 쉬웠을 것이다.

어느 날 아주 우연한 일이 일어났다. 우롱차보다 강하게 산화된 치수율이 높은 차가 만들어졌다. 이것이 홍차의 일종인 정산소종으로 17세기 중반부터 산악지대인 우이산에서 재배하고 생산해 왔다. 지금은 훈연향이 나는 정산소종을 더 선호하지만 실은 제조 공장의 열악한 설비에 의해 실패한 경우다. 유럽인들이 우롱차보다 진한 맛을 원했기에 만들기는 해야겠고, 제조기술이 서툴렀던 것이다. 그러나 이런 사실을 이국 만리에서 온 장사꾼들이 알 리 없다. 그들 손에 쥔 것은 미묘한 향이 난다는 정산소종_{영국인들은 랍상소종이라 부른다}이었다. 그것도 감지덕지하고 사 가지고 돌아갔을 것이다. 당시 정황을 상상해보면 중국인들이 뒤돌아서서 킥킥대는 웃음소리가 들리는 듯하다. 도대체 영국인은 홍차를 얼마나 동경했으면 우이산을 홍차의 성지라 했을까! 영국인이 보히_{우이산의 영어발음}라 부르는 홍차다. 보히 티! 보히 티! 정말 웃음이 나온다.

현재 중국에서 생산되는 차를 종류별로 나누면 다음과 같다.

녹차 · 백차 · 황차 · 청차 · 홍차 · 흑차

녹차 산화율은 25퍼센트 정도, 비산화차이다. 용정차, 벽라춘 차가 있다.

백차 산화율은 녹차보다 높은 약산화차다. 솜털이 가시지 않은 아주 여린 잎으로 공기 속에서 장시간 산화시키는 방법이다. 백호은침, 백모단차는 희귀하다는 이유로 고가에 거래된다.

황차 산화율은 반산화차다. 맛은 녹차 맛이 나면서 수색이 오렌지 빛이 난다해서 붙여진 이름이다. 가공법은 열에 의해 살청덖음한 후 산화시킨 것이다. 군산은침이 있다.

청차 40퍼센트 정도의 반산화된 우롱차. 제조 직후 푸른빛이 난다해서 붙여진 이름. 시든 생잎에 미세하게 상처를 나게 해서 산화시키는 방식이다.

홍차 85~95퍼센트 산화차. 생잎을 시들려 수분을 뺀 뒤 강하게 유념해서 산화를 촉진시킨다. 아쌈 티, 영국의 블랙 티, 기문 홍차 등이 있다.

흑차 100퍼센트 발효차. 산화된 차를 다시 오랜 시간 쌓아두면 미생물에 의해 2차 발효가 촉진된다. 산화차가 아닌 발효차라고 해야 한다. 흑차에 해당하는 보이차普洱茶는 빈티지 제품으로 부르는 게 값이다.

유럽에서 온 키다리 스파이

대영제국은 자본의 힘으로 안 되는 게 없다는 오만한 가치관을 가지고 있었다. 중국차에 대해서도 그런 사고였다. 자기들이 왜 중국 상인들을 부자로 만들어줘야 하는지 이해가 되지 않았다. 아니, 심통이 났던 것이다. 차라는 것이 영국 경제에 중요한 아이템이었기 때문에 중국인을 빼고 독자적인 생산으로 이익을 챙겨야겠다는 계산이었다. 여기서 자본의 힘은 또 한 사람을 역사에 추가시킨다.

차를 차지하려고 그동안 할 수 있는 건 다해본 영국이었다. 중국은 이전부터 이런 야비한 속셈을 눈치 채고 차의 관한한 모든 것을 비밀리에 관리하고 있었다. 때문에 영국으로서는 물밑 작업을 위한 고도의 지능이 필요했다. 물론 그 전부터 아쌈 종이 어느 정도 성공을 거두어 생산은 되고 있었지만 그들이 필요로 하는 것은 중국산 종자와 차를 제조하는 전문지식이 필요했다. 다시 말해, 유전자 자체를 몽땅 싸가지고 가고 싶었던 것이다. 드디어 지령이 떨어졌는데, 총대를 멘 사람은 동인도회사가 고용한 로버트 포춘으로 그는 중국 사정에 밝은 스코틀랜드인 식물학자였다. 1848년은 그가 중국인으로 변장을 하고 두 번째 중국 잠입에 성공한 해이다. 3년 동안 차 재배 지역을 휘젓고 다니면서 2만 그루의 나무와 씨앗을 훔치고 빼돌렸다. 그가 훔친 진귀한 야생화와 과일 나무는 한두 가지가 아니다. 영국인이 좋아하는 우아한 넝쿨 노란 장미도 그때 훔친 것 중 하나다.

감시망을 피하느라 허름한 차림의 네팔인 몇 명을 매수해서 북인도의 크마온 고원을 통해 장물들(!)을 수시로 보냈다. 얼마나 많이 빼냈으면 북인도 다질링에 보내진 차나무와 식물들을 재배하고도 남아 실험용으로 사용했을까! 포춘은 죽을 고비를 수차례 넘겼지만 구사일생으로 살아서 돌아온다. 스스로 한 일이기에 누구도 원망하지 않았다. 오히려 전문가로서 주어진 임무를 완성한 것에 자부심을 느꼈다고 자신의 책에서 밝히고 있다. 공범인 영국이 그랬던 것처럼 주범도 국제 절도죄를 지었음에도 양심의 가책하나 느끼지 않았다.

1851년 봄, 네 척의 배가 인도 동부 콜카타에 정박했다. 그 배에는 그가 별도로 수집한 2천 그루의 나무와 1만 7천 개의 씨앗, 몇 명의 차 가공 숙련공이 타고 있었다. 수천 년 중국의 비밀병기였던 차는 중국의 무너진 자존심처럼 한없이 추락하고 있었다. 범인 한 사람으로 인해 영국은 많은

것을 얻었고 중국은 많은 것을 잃었다. 이후 포춘은 인도와 일본을 비롯해 아시아를 세 번 더 여행했고, 그가 익히 알고 있는 중국에서 대부분의 일정을 소화하곤 했다. 그 사이 미국의 부탁으로 방문한 적도 있었다. 어쩌면 미국도 다원을 갖고 싶어서 그를 포섭해 씨앗을 가져오게 하지 않았을까…… 전문가들의 추측이다. 은퇴 후 고향과 런던에서 여정을 보내면서 책의 인세와 중국에서 가지고 온 골동품을 팔아 생활했다. 그는 죽을 때까지 식물학 연구를 하면서 68세에 생을 마감했다.

식물 사냥꾼 로버트 포춘! 그의 이름을 검색하면 밀반출한 국제 산업 스파이 1호로 나온다.

실론, 그 화려한 홍차

실론16하면 떠오르는 차가 있다. 화려한 색상의 립톤 티 마크가 새겨진 티백과 차에 띄어진 레몬 한 조각이다. 립톤이야말로 실론 차의 명성을 한 단계 끌어올린 인물이다.

1850년 경, 인도 아쌈 차를 성공시킨 영국의 자신감은 하늘을 찌르고 있었다. 중국에 보란 듯이 아쌈 다음으로 눈을 돌린 곳이 인도양에 있는 실론 섬이다. '진주의 눈물'이라는 애칭을 가진 실론의 역사는 다양한 외세 침입이라는 슬픈 전과를 갖고 있다. 조상은 인도의 싱할라 왕조다. 불교는 기원전 3세기부터 전래되어 국민들은 불교 왕국의 불자로서 자부심이 대단하다.

오랜 역사를 지녔지만 자생능력이 부족했던 왕조는 15세기에는 중국 명나라에 조공을 바쳐야했다. 예로부터 실론이 자랑하는 보물이 있는데, 바로 사파이어와 코코넛이다. 덧붙여 천연 향신료 식물들이 풍성했던 이 섬은 보물을 탐내

16 실론은 1972년 스리랑카로 국가명을 바꾸었다.

홍차로드

는 외세 침입에 늘 시달려야 했다. 16세기 남인도 촐라 왕조의 지배를 시작으로 포르투갈, 네 덜란드, 영국이 앞서거니 뒤서거니 하며 스리랑카를 분할해서 지배를 했다.

이때 재배한 나무가 커피나무였다. 한때는 런던으로 수출할 정도의 큰 수확이었지만, 전염병 이 발생해서 커피나무 전체를 고사시켜야 했다. 어쩔 수 없이 차선책으로 선택한 것이 바로 차나무 재배였다. 다소 늦은 1866년에 다원을 조성하고, 아쌈 종을 수입해서 재배하기 시작 했다. 정성을 들인 결과 한참 후에는 3대 명차의 하나인 우바티Uva tea를 선보인다. 여기에 숨은 공로자는 장신에 콧수염이 인상적인 신사, 제임스 테일러James Taylor, 1835년~1892년 였다. 그는 돈을 벌기위해 먼 나라 스코틀랜드에서 실론의 커피 농원으로 건너온 사람이다. '홍차의 아버지'라는 수식어가 붙는 제임스에 의해 차 재배는 순조롭게 이루어졌지만, 아쉽게 도 현대인은 토머스 립톤Thomas Lipton 만을 기억하고 있다.

'홍차의 왕'이라고까지 불리는 립톤은 스코틀랜드인으로 타고난 사업가였다. 런던에서 식료 품상과 홍차 장사로 큰돈을 거머쥔 그는 1890년 실론 섬에 도착한다. 그가 사들인 다원은 우 바 산맥에 있는 담바텐을 포함 몇몇 다원이었다. 하루가 다르게 사업이 번창했던 그는 삶의 8할을 걸었던 실론에서 최후를 맞는다.

립톤이 고안한 블렌딩 차는 영국인들에게 큰 인기를 끌었다. 수질에 맞게 배합한 재료들이 적절했던 것이다. 아이디어에 있어서도 선봉장이었던 그는 자신의 이름을 넣어 포장 판매를 함으로써 고객들이 '립톤'을 기억하게끔 했다. 옐로 바탕에 레드 글씨의 로고에서는 강렬한 인상을 남기기 위해 색상까지도 세심하게 신경을 쓴 흔적을 느낄 수 있다. 주로 무게를 달아 팔던 홍차를 포장해서 팔기 시작한 것도 립톤이 최초였다. 선구자로서 그의 이름과 브랜드는 지금도 세계 음료 시장에서 빛을 발하고 있다.

고산지대에 생산되는 차는 몬순 기후의 영향으로 해발에 따라 차의 품질이 달라진다. 600미터 이상 다원에서 생산된 로우 그로운 티low-grown tea, 600~1200미터 이상 다원에서 생산된 미들 그로운 티middle-grown tea, 1천 200미터 이상 정상 지대에서 생산된 것은 하이 그로운 티high-grown tea로 분류한다.

우바 티를 우리면 박하 내음처럼 상큼한 향을 느낀다. 그러면서도 톡 쏘는 향이 은근히 배어 나온다. 이런 향을 내려면 말리는 작업부터 유념까지, 제조 과정 하나라도 적당히 넘어가거나 소홀히 할 수가 없다.

어쩌다 오렌지 물빛 속에서 골든 링이 출렁거리는 게 보일 때가 있다. 찻잔 둘레에 비치는 황금색 라인이다. '홍차의 황금'으로

불리는 우바는 경매에서도 높은 값을 쳐준다. 스트레이트와 블렌딩 티로 쓰인다.

역사가 짧은 딤불라Dimbula 차도 고지대에서 생산되는데 1월에서 2월이 퀄리티 시즌이다. 그 시기에 나온 차는 달콤한 향과 맑은 오렌지 수색으로 각광을 받고 있다. 뒷맛이 무난해서 주로 아이스 티로 활용한다.

저지대에서 재배되는 캔디kenndy 지역의 차는 향이 부드럽고 떫은 맛이 약한 게 특징이다. 어떤 차와 섞어도 무난하다. 날씨는 1년 내내 선선한 가을을 연상시킨다. 차나무는 아쌈의 대엽종이지만 열대 나무처럼 한없이 자라지는 않는다. 12월과 1월에 잠시 성장을 멈춘다. 그래서 2월에 수확하는 찻잎은 희소가치 때문에 어디서나 대우를 받는다.

홍차 수출 세계 2위2013년 집계라는 위상에 걸맞게 정부는 '스리랑카 티 보드Tea board'라는 기관을 두어 차의 재배부터 판매, 수출까지 풀코스로 관리하고 있다. 티 보드 인증을 받으려면 조건이 여간 까다로운 것이 아니다. 최상급의 티만을 고수한다는 미국의 딜마Dilmah 사나 여러 기업들도 실론티의 품질 관리를 위해 협조를 잘해주고 있다. 이 중 한 가지 전략은 명품 우바 티를 한정품으로 생산하고 있다는 것이다. 그것도 몇 년에 한 번씩. 한국에서 우바 티 만나기란 올림픽만큼이나 기다려야 한다.

현재도 변신이 진행 중인 다원이 있다. 우바와 딤불라 사이 중간 지대에 위치하고 있는 누와라 엘리야 Nuwara Eliya 다원이다. 정글지역을 다원으로 조성해 성공을 거두었다. 고지대가 아닌데도 일교차가 심해 떫은맛을 내는 타닌 성분이 많이 함유되어 있다. 실론티 가운데 수색이 짙다는 평이다. 이 외 주요 생산지로는 길레, 바둘라 지역이 있다. 실론 다원 통틀어 년 간 약 21만 톤을 생산하고 있다.

케냐와

인도네시아의 홍차

영국인이 가는 곳엔 언제나 차가 따랐다. 중국차를 사모하는 마음은 아프리카라고 예외가 아니었다. 중국에 대한 열등감이 있는 터라 식민지로 삼은 나라는 모두 리스트에 적어 놓았다. 차는 곧 부를 창출하는 골든 라인이라고 판단해 성장 조건이 맞으면 어디든지 차나무를 심었다. 차나무가 지구촌 구석구석까지 퍼져나간 건 그 덕분이다. 케냐 공화국Republic of Kenya 다원도 영국 식민지 시절에 일군 수확이다.

인도네시아실론는 1872년 네덜란드 식민지 시절, 아쌈의 대엽종을 수입해 재배에 성공했다. 물론 시행착오는 있었다. 네덜란드도 중국차를 사랑했는지, 1800년에 중국의 소엽종자로 실패를 했던 경험이 있다. 원인을 분석해보니, 자바 섬은 실론 섬과 차나무가 자라기엔 여러 여건이 닮았던 것이었다. 해서 다시 아쌈 종자로 승부수를 띄워 1940년 전후에는 반짝하고 세계 4위라는 생산량을 기록했다.

케냐의 홍차

1903년 아쌈 종자가 리무르^{Rimur} 산악 지대에 처음으로 도입되면서 대규모 플랜테이션이 조성되기 시작했다. 그러나 본격적인 제다^{가공}는 영국으로부터 독립한 1963년 이후다. 연간 1천 500에서 2천 500밀리미터 가량의 강우량과 열대 기후는 차를 재배하는 데 있어 더없이 좋은 조건이라는 사실을 영국인들은 익히 알고 있었던 것이다. 20세기가 되어 출발한 만큼 별 잡음 없이 차의 성장이 무난히 이루어지고 있는 나라가 바로 케냐이다.

주요 생산 지역은 수도 나이로비에서 두 시간 떨어진 그레이트 리프트 밸리^{Great lift valley} 일대로 해발 1천 500에서 2천 700미터의 고지대이다.

이 가운데 마리안^{Marinyn} 다원이 있는데, 여기서 생산되는 온잎차는 스리랑카의 으뜸인 우바 티처럼 과일향이 나면서 중후한 맛을 띠고 있어서 유명세를 타는 중이다. 혹시나 세계 4대(!) 명품 대열에 끼지 않을까 기대를 걸어 봐도 좋겠다. 다국적 기업인 관계로 수출과 판매는 공정무역을 통해 나간다.

케냐 차의 30퍼센트는 소규모 농가에서 재배되며, 나머지는 다국적 회사 소유의 대규모 다원에서 생산된다. 최근에 급성장하여 연간 30만 톤이 생산되는데, 이 중에 90퍼센트를 수출하여 세계 수출량의 16퍼센트를 점유하고 있다. 이 결과 아프리카에서는 최대 차 생산국이 되었고 인도, 스리랑카의 뒤를 이어 생산량 세계 3위라는 기염을 토했다.

생산의 적기는 1월~2월과 7월~9월이지만 1년 내내 수확이 가능하다. 시즌 티^{1월과 7월}로 생산되는 차는 품질이 뛰어나 비싼 가격에 거래된다. 대엽종인 아쌈 종자는 아프리카에서도 진가를 발휘한다. 수확한 차의 90퍼센트는 CTC 제조법으로 채운다. 쓰임새는 진한 맛으로 인해 주로 블렌딩용으로 사용된다. 황갈색의 수색을 띠고 있으면서 약간 쌉쌀한 맛이 일품이다. 난향이 나는 중국의 기문 홍차를 닮았다고 하는데 정말 그럴까! 기록에는 없다. 중국산과 아쌈 산은 향이 달라도 한참 다른데, 아쌈 종인 케냐 차에서 중국차의 향이 난다니…….

케냐는 현재 영연방 공화국에 속해 있으며, 나라 경제에 효자 노릇을 하는 홍차 산업에 심혈을 기울이고 있다. 식민시절 조상들의 호된 시집살이 덕에 자손대대로 먹고 살 자원을 품고 산다.

인도네시아의
홍차

외관상으로 실론티와 구분이 안 될 정도로 비슷하지만 지역에 따라 향과 맛은 다를 수 있다. 똑같은 종자라도 토양이 다르면 뭐가 달라도 다르다. 그러나 요즘같이 기계 처리 방식으로는 달라봤자 도토리 키 재기 식이다.

가장 큰 경작지는 세계에서 13번째 크기의 자바Java, Jawa 자와 섬 농장이다. 섬치고는 인구 밀도가 1제곱킬로미터 당 1천 명에 이를 정도로 매우 높은 편이다. 현재 1억 3천만 명으로 섬의 인구로도 세계 톱이다. 커피 농장만큼 티 플랜테이션도 상당히 활발히 이루어지고 있다.

홍차의 품질이나 맛이 과거나 현재나 한결같다는 평이다. 이런 신뢰 하나로 애호가들이 부담 없이 즐겨 찾는 것 같다. 혹자는 싼 맛에 찾는다고 한다. 전면 기계화로 대량 생산이 수월해져서 가격은 하락할지 몰라도 품질이 좋아 경쟁에는 밀리지 않는다.

자바 티는 스트레이트 티보다 밀크 티에 더 잘 어우러진다. 실론티와 대조되는 부분이다. 탕의 색이 진해 차 맛은 짜릿할 정도로 강하고, 뒷맛은 부드럽고 떫은 향이 입안에서 오래도록 감돈다. 진하게 우려낼수록 맛은 배가 된다. 시중에 데자와Te Java 밀크 티가 있는데 자바 티의 스테디셀러다.

현재의 홍차

현재 세계 58개 나라에서 홍차를 생산하고 있다. 이 중 인도, 스리랑카, 중국, 케냐 4개국이 전체 차 생산을 쥐락펴락하고 있다. 생산량은 228만톤가량 된다. 최고의 생산국은 중국이 아닐까 하겠지만, 중국은 홍차보다 녹차를 더 많이 생산하는 나라다.

인도는 홍차의 생산량이나 소비량에서 최고다. 생산한 만큼 10억 이상의 인구가 소비도 많이 한다는 것이다. 인도에서 연간 차 소비량은 2009년 기준으로 1인당 0.52킬로그램에 달한다. 터키 다음으로 소비량이 많은 나라다. 2013년에는 인도 정부가 차를 국가 음료로 선포했다.

생산지가 작은 만큼 소비량도 적은 스리랑카가 수출국으로는 1위다. 그 뒤를 케냐가 바짝 뒤쫓고 있다.

그런데 영국은 근래 들어 수요가 예전 같지가 않다. 자존심이 있지, 영국 내에서 홍차의 소비량이 떨어진다면 누가 믿겠는가! 그러나 수년 전부터 그런 조짐이 나타나기 시작했다. 영국에서 수입량이 떨어진다면, 소비량도 줄어들고 있

다는 것이다. 해마다 음료 소비는 증가하는데 반해 차 소비는 1~2퍼센트씩 감소하고 있다. 언제부터인가 그 자리를 대용차나 허브차가 대신하기 시작했다. 또 중국의 녹차나 우롱차를 선호하는 서양인이 늘고 있다.

그렇지만, 세상이 다양하게 변하는 만큼 색다른 종류의 신제품 출시는 소비자의 바뀐 입맛을 부추기기도, 반영하기도 한다. 홍차의 미래가 밝아 보이는 이유다. 엄청나게 다양한 종류의 홍차가 있고 이런 다양성이 많은 사람들의 기호에 맞게 생산되고 있다. 생산업자나 기업들이 새로운 캐치프레이즈catchphrase를 걸고 적극 홍보에 나서고 있고 지역마다 특화된 상품들이 쏟아지고 있다. 다질링 차나 실론 차는 어떤 시즌의 어떤 잎으로 만든 제품이 신제품이라고 인터넷에서 도배하다시피 홍보하고 있다. 못 보던 차에 이런 소식을 접한 소비자는 클릭에서 엔터로 이어지며 구매를 한다. 제한된 홍차만 맛보던 시대는 지났다. 관심만 있으면 원하는 어떤 맛도 구할 수 있는 세상인 것이다. 이보다 중요한 것은 홍차가 '웰빙 음료'로 인식이 높아졌다는 점이다. 홍차의 성분에 대해서도 관심이 높다. 또한 홍차는 커피보다 출발점에서부터 다르다. 홍차는 상류층 문화로 세련되고 고급스럽다는 고정 관념이 희망을 갖게 한다.

바쁘고 지친 현대인에게 홍차는 느림의 미학이라는 정신적인 위안을 선사한다. 홍차를 마시면 마음까지 한가로워지는 그런 기분 말이다. 누가 더 빠른가, 초고속 디지털 세상에 살아도 아날로그가 그리워질 때가 있는 것처럼 말이다.

누구나 즐길 수 있고, 즐기는 음료가 바로 홍차다. 더 이상 부와 지위의 상징이 아니다. 골목의 구멍가게보다 많이 생겨난 커피 전문점에서도 차를 팔고, 가정이나 직장마다 커피 대신 마실 수 있는 티백 차도 흔한 세상이다. 티 카페Tea cafe 보드를 보면 제일 위의 카테고리가 커피고, 그 아래가 홍차다. 그러나 이것 또한 뒤집어질 가능성은 충분하다.

언젠가는 커피처럼 테이크아웃 홍차를 들고 다니는 사람들이 즐비한 날이 올 것이다. 손에 홍차를 쥔 직장인들이 길거리에 넘쳐나는 모습을 기대한다. 이렇게 되면 가격 면에서도 다양한 금액이 형성될 것이다.

PART 2

Tea story

차 한 잔에 담긴 의미,
홍차와 문화

상류층의 홍차문화와

서민층의 홍차문화

"상류층은 차를 눈으로 익히고 서민층은 차를 입으로 익힌다."

신분에 따라 차의 의미도 달라진다. 상류층의 홍차는 기호품이자 만남의 매개체이지만, 서민층의 홍차는 필수품이자 생존을 위한 건강 음료이다.

상류층에서 출발한 영국의 홍차 문화는 수백 년을 거치면서 많은 이야기를 남겼다. 상류층의 세상은 홍차까지도 부를 과시하는 문화 아이템으로 만들어냈다. 이 중 하나가 앞에서 거론했던 빅토리아 시대부터 이어지는 애프터눈 티타임 Afternoon tea time이다.

본래의 티타임은 하루 두 끼니만을 먹었던 시절, 제7대 베드포드 공작부인인 애나 마리아로부터 유래됐다. 공복을 참지 못한 그녀는 시녀가 들고 온 홍차와 스낵으로 허기를 때운 것이다. 이후 티타임 문화는 하루에 몇 잔을 마시는지에 따라서 차茶는 곧 부富라는 등식이 성립되었다.

오전 6시경 이른 아침 침대에서 마시는 얼리 티Earley tea, bed tea부터 티타임은 시작된다. 8시경 아침식사와 함께하는 브렉퍼스트 티breakfast tea, 11시경 오전 일과 중에 마시는 일레븐 티elevenes tea, 정오를 지나 1시경 점심으로 마시는 미디 티 브레이크middy tea break, 4시경 늦은 오후에 간식과 즐기는 애프터눈 티afternoon tea, 저녁 8시경 푸짐한 저녁식사를 알리는 하이 티high tea, 식사 후 느긋하게 마시는 애프터 디너 티after dinner tea, 잠자리에 들기 전 나이트 티night tea를 마시며 티타임을 마감하는 것이다. 이 정도만 따라도 무려 여덟 잔이다. 상류층들은 하루 일과를 홍차로만 시간을 보낸 것 같다.

주전자에 거름망이 없어 찻잔이 티 포트 행세를 할 때였다. 귀족 마님들은 받침 접시에 차를 따라 코를 박고 핥아 먹었다. 이때 나온 용어가 '한 접시의 차a dish of tea'다. 대신 찻잔은 간장 종지만 했다. 워낙 작아서 갓난아기 다루듯 잔의 손잡이를 검지에 감고 홀짝이며 마셔야 했다. 상류층의 문화를 향유하려면 홀짝이는 게 대수랴. 소리를 내서 마셔야만 주인에 대한 예의는 물론이고, 우아함과 부를 동시에 뽐낼 수 있는 행위로 간주되었다. 당시 차 1킬로그램이 피아노보다 비쌀 때니, 한 번씩 홀짝일 때마다 돈이 얼마나 나간다는 것을 상류층은 알고 있었을 게다. 그 장면을 상상하니 얼추 웃기는 그림이 그려진다.

홍차가 제법 흔해진 19세기에도 차의 태생적 아우라는 여전했다. 당대의 마스피스들을 보면 살찐 귀족 마님들이 찻잔을 들고 있는 모습의 해학적인 작품들을 심심치 않게 볼 수 있다.

고가의 차는 하인들의 손에 닿지 않는 곳에 보관하는 것이
일반적이었다. 차는 보관함에 넣어 자물쇠로 잠갔다. 보관
함은 금고이고, 자물쇠는 패스워드인 셈이었다. 조금 더 과
장된 표현을 하자면, '안방마님의 곳간 열쇠'였다. 광에서 인
심난다고 손님에게 대접할 때 마다 필요한 만큼만 꺼내 인
심을 쓰고는 다시 잠가놓았던 것이다. 이것을 캐디 박스Tea
box라고 한다.

영국인들의 차사랑은 세월이 갈수록 신제품 개발로 이어져
발전의 발전을 거듭한다. 캐디 박스와 다기 찻잔 세트까지
합친 손잡이 다구함이 새롭게 선을 보이기 시작했다. 야외
용이나 여행용으로 사용하기 위해서다. 슈트케이스를 들고
다닌다면 몰라도, 다구함을 들고 다니는 사람들은 세상 천
지에 영국인들 밖에 없을 것이다. 19세기 배경인 소설이나
영화에서 보면 자주 등장하는 소품이다.

간소하면서 사치스러운 티타임은 서서히 대중에까지 이어
졌다. 홍차의 바람은 위·아래, 계층 할 것 없이 차 없는 하

루는 상상할 수도 없게 만들었다.

차가 인생 자체인 듯 차를 마셔라 – 다경茶經

물론 이런 티타임을 즐길 수 있는 계층은 일부지만, 노동자 계층 또한 의미만 다를 뿐이지 나름대로의 홍차 문화를 즐겼다. 노동자들의 하이 티타임High tea time 역시 패스트푸드fast food 개념, 그 이상도 이하도 아니었다. 홍차 대신 술로 때울 때도 있지만 빵과 고기 한 조각으로 가족들과 식사하면서 편히 쉬는 단란한 시간이었다. 상류층과는 격이 다른 티타임이었지만 차를 마신다는 것만으로도 정이 넘쳐났다. 남의 나라 음료를 이렇게 국민 전체가 열광하는 행위는 유래를 찾아 볼 수가 없다. 문화 인류학자 케이트 폭스Kate fox는 "모든 영국인은 차에서 기적과 같은 약효를 기대한다."고 했다. 공장에서나 가정에서나 티타임만은 반드시 지켰으니 말이다. 그래서 그럴까. 영국인의 시간 엄수는 정평이 나 있다.

최근엔 '애프터눈 티 세트'라는 화려한 디저트 메뉴가 국내 카페에서도 인기를 모으고 있다. 차와 함께 곁들일 3단 트레이의 목록은 맨 아랫단에 샌드위치, 둘째 단에 스콘, 셋째 단에 초콜릿과 마카롱을 담는 접시인데, 손님의 기호에 따라 구성을 다양하게 바꾼다.

≫ 일 러 두 기 ≪

『다경茶經』은 세계 최고最古의 차에 관한 저서이다. 당나라(727년) 때 육우가 지은 것으로 3
권으로 되어 있다.

홍차로드

Tea story

눈으로
마시는

홍차가
더 맛있다

다기는 커피보다는 차에 까다롭게 구는 편이다. 홍차가 일 회용 컵에 들어있다고 상상해보자. 진홍빛의 저녁놀 컬러가 그림이 제대로 나올까 싶다. 황홀해 보이기는커녕 숭늉으로 보일지도 모를 일이다. 보기에 좋으면 맛도 좋다고, 시각 효과는 미각 효과를 부른다.

사치품이었던 다기가 필수품이 되면서, 차 문화는 더욱 풍성해졌다. 시계추가 오후 4시를 가리키면 그때부터 영국 내 모든 가정의 주전자가 한꺼번에 펄펄 끓는 소리를 내고, 다기 찻잔 속에서 설탕 스푼이 부딪치는 짤그랑 소리가 들렸다는 말이 나돌 정도였다.

더불어 중국차는 도자기로 포장이 되어 고가품으로 거래되기 시작했다.

떼려야 뗄 수 없는,
홍차와 도자기

중국의 도자기가 유럽에 알려진 건 동서교역의 통로였던 실크로드를 통해서다. 그러다가 명^{明, 1368~1644}나라 때 포르투갈의 인도 항로로 시작된 대항해 시대와 맞물리면서 전환점을 맞았다. 그때 편승한 네덜란드 수입상에 의해 본격적인 유럽의 백색자기 시대가 열리게 된 것이다.

금보다 시세가 더 나가는 도자기를 본 유럽의 왕실은 '중국에서 온 하얀 금'이라며 도자기의 매력에 흠뻑 빠졌다. 원래 15세기 말부터 도자기는 왕이나 왕족에게 바치는 진상품으로, 유럽 왕가의 소장품 목록에 올라 있었다고 한다.

백색자기의 뒤를 이어 등장한 화려한 무늬의 청화백자도 왕족들의 눈을 홀리게 했다. 한 점의 가치가 노예 일곱 명에 해당할 정도였으니까. 부와 권력의 상징이 된 도자기를 이제는 누가 더 많이 소장하는가에 관심이 쏠렸다. 귀족들은 방 안에 다기 진열장을 만들어서 도자기 수집을 과시하기 위해 서로를 초대하곤 했다.

17세기 중엽의 도자기 열풍은 일본의 자기까지 수입을 하게 만들었다. 유럽은 이 여세를 몰아 중국에서 고령토를 들여와 도자기를 만들려고 시도했지만, 제조법을 제대로 알지 못해 번번이 실패하고 말았다. 그러던 차에 마침내 1709년, 독일 마이센 지방에서 성공을 거두게 된다. 영국은 그로부터 40년이 지난 1748년에야 비로소 토마스 프라이^{Thomas frye}에 의해 본차이나Bone china를 개발하기에 이른다. 골회bone, 장석stone, 고령토kaolin를 섞어 만든 것으로 내구성이 튼튼한 제품이다.

당시 유럽에서는 중국의 도자기, 가구, 의상 등의 디자인을 모방한 '쉬누아즈리chinoiserie'라는 형식이 상류층에 파고 들고 있었다. 열풍은 베르사이유 궁전의 정원 건축 양식에도 도입될 정도였다. 다기의 열풍은 차의 풍속도까지 바꿔놓았다. 아무래도 여왕이 통치를 하는 나라이다 보니, 다구들이 더욱 스포트라이트를 받았던 것이다. 동양적 취향을 좋아했던 빅토리아 여왕이나 앤 여왕도 다기 수집광이었다. 여왕이 주문한 다구들은 다음날 곧바로 귀족들의 테이블에 올려 졌고, 귀부인들 사이에서는 중국의 작은 다기로 차를 마시는 것이 당대의 유행이 되었다. 찻잔이 작다는 것은 차가 고가품이라는 것을 의미했다. 이것도 진화돼서 그렇지, 그 이전의 찻잔은 티 포트Tea pot였고, 받힘 접시는 차를 담는 그릇이었다.

차와 다기를 더욱 치장하기 위해서는 여기에 걸맞은 조명과 벽지 같은,

실내 데커레이션도 받쳐줘야만 했다. 휘황찬란한 맞춤형 다구들은 마치 세계 다가구 전시회장의 중국관을 방불케 했다. 차를 위해 별도로 둥근 테이블을 준비해 놓는 것은 기본이었다. 테이블 한가운데에 놓인 네모난 쟁반에 다기 세트를 담아내는 것이 최고의 풍속도, 다시 말해 당대의 트렌드였다. 찻잔보다 갑절이나 나가는 오리엔탈 풍의 꽃문양 쟁반은 테이블을 더욱 화려하게 연출해냈다. 고가의 예술품인 중국식 다기 세트는 상류사회의 위상이었다. 위상을 더욱 드높이려고 이제는 설탕까지 가세했다.

'티 테이블 디스플레이'는 식단까지 바꾸는 변화를 가져왔다. 16세기 후

반 엘리자베스 1세는 아침 식사의 메뉴가 고기 몇 조각에 불과하던 것을 티와 버터를 바른 빵으로 대체시켰다. 이렇게 차려진 티 푸드Tea food는 다기의 과시를 위해 생긴 용어다. 티 푸드 테이블은 음료도 맥주, 사과주, 와인에서 차 중심으로 변화하게 되었다. 당시 커피하우스에서 다기에 담겨진 차 한 잔 값은 무려 커피의 다섯 배에 달했다. 우연히 들어온 동양의 도자기의 운명은 유럽 왕족들에게 간택되어, 몇 세기 동안 최고라는 수식어를 독점하는 영광을 누리게 되었다.

홍차는 이름을 달고, 브랜드 홍차 이야기

영국의 차 브랜드란 곧 세계의 명품 브랜드를 말한다. 차나무 한 그루도 자라지 않는 영국이 홍차의 나라가 된 배경에는 21세기의 브랜드 가치가 한몫을 차지한다.

포트넘 앤 메이슨 *Fortnum & H. Mason*

영국을 대표하는 홍차 브랜드 중 하나. 일명 포트넘은 1707년에 윌리엄 포트넘william Fortnum과 휴 메이슨Hug Mason이 공동으로 설립한 종합식품회사이자, 차의 기업 브랜드다.

앤 여왕의 신하였던 F&M포트넘 앤 메이슨은 타고난 성실함과 부단한 노력으로 런던 피카디리에 그들 소유의 백화점까지 갖기에 이른다. 300년이 지난 지금에도 백화점의 차 매장만은 고집스럽게도 한곳만 가지고 있을 정도로, 차의 명성을 잃지 않으면서 기업의 맥을 이어가고 있다.

빅토리아 여왕의 아들의 도움으로 1867년부터 식료품과 차를 왕실 지정 납품업체로 신뢰를 쌓아온 F&M은 지금까지 손색이 없는 최고의 브랜

드임을 입증한다. 5년마다 갱신해야 하는 왕실 인증서Royal warrant를 꾸준히 보유하고 있다. 최고급 등급의 잎만 섞어 블렌딩 차를 만드는 것으로 클래식 차에서는 손꼽히는 브랜드다.

① **로열 블렌드** 1902년 영국 에드워드 7세를 위해 출시된 밀크 티 브랜드 명. 밀크 티 레시피로 포토넘 앤 메이슨 사의 스테디셀러이다. 이로 인해 로열 블랜드의 명성은 모든 밀크 티의 대명사가 되었다. 심플하게 잎차만으로 마실 수 있는 스트레이트 티로도 안성맞춤이

다. 다소 강한 듯하지만 진하지 않은 고소한 느낌이 입안에서 오래 감돈다.

② **퀸 앤** 로열 블렌드에 사용하는 잎보다 더 크고 두꺼운 4번째와 5번째 잎을 사용한다. 진한 갈색 향처럼 맛도 깊다. 스트레이트 티로 마실 때 중후하면서 짙은맛이 돈다. 통나무 벤치에 앉아 있는 느낌처럼 자연의 채취가 느껴짐. 앤 여왕 즉위 200주년을 기념하기 위해

1907년에 선보인 브랜드다.

　포토넘 사의 얼굴인 브랜드는 신뢰와 명성이 항상 같이 가기 때문에 '블렌딩의 클래식'으로 명불허전名不虛傳이다.

해로즈 *harrods*

헨리 찰스 해로즈 Henry Charles horrods, 지금은 영국 왕실 전용의 백화점 주인이지만 1949년 런던에서 조그만 식료품상으로 출발한 상인이었다. 해로즈의 차는 블렌딩 종류를 아라비아 숫자로 말해주기 때문에 기억하기에도 편하다. 이 중 14번과 49번이 유명하다.

① **잉글리시 브렉퍼스트** *English breakfast blend* **14번** 14번은 다질링과 실론, 아프리카 케냐의 잎을 블렌딩한 것. 찻잎의 크기는 홀 잎통 잎에서부터 브로큰잘린 잎까지 다양하다. 뒷맛이 깨끗하고 잡맛이 없는 선한 맛에 브랜드 명 그대로 아침 잠을 깨우는 모닝 티로 유명하다.

② **로즈 49번** *Harrods Blend No.49* 해로즈의 창립해인 1849년을 기념하기 위해 만든 브랜드 넘버다. 인도의 아쌈, 다질링, 닐기리, 시킴, 캉그라kangura, 인도 산으로만 5종 세트를 혼합한 것으로 유명하다. 주목할 것은 5, 6월에 생산되는 다질링 차의 세컨드 등급2nd flush을 메인으로 한다는 점이다. 경쾌한 첫 번째 등급1st flush보다 깊고 감칠맛이 돈다. 14번보다 49번 제품가가 높은 것은 창립년도의 효과를 노렸다는 분석이다.

홍차로드

트와이닝 *Twining*

1675년 영국에서 태어난 토머스 트와이닝Thomas Twining은 직물공장에서 일하는 아버지 밑에서 견습생으로 일하고 있었다. 그러다 티 숍으로 자리를 옮기면서 장사의 노하우를 차근차근 배워나갔다. 일을 배운 지 20여 년 되는 1705년에 런던에 '톰의 커피하우스'를 오픈할 정도로 사업수완이 뛰어난 입지전적인 인물이다.

12년이 지난 1717년에 두 번째로 '골든 라이온' 상호를 붙인 차 소매상점을 열었다. 차를 마시는 티 하우스가 아니라, 틴을 파는 매장이었다. 당시만 해도 커피하우스는 차의 주 고객은 여성임에도 불구하고, 상류층 남성 전용이었다. 그러나 골든 라이온은 제품 매장이다보니 누구나 자연스럽게 드나들며 마음껏 차를 구입 할 수 있어 상류층 여성들의 열렬한 반응을 얻었다.

현재까지 10대를 거치면서 대를 잇고 있는 트와이닝 사다. 영국 홍차의 역사는 트와이닝 역사라고 말할 수 있다. 홍차만이 아니라 녹차와 가향

차의 일종인 얼 그레이, 레이디 그레이 등 시대를 초월한 다양한 제품들로
꾸준히 자리를 지키고 있는 회사다.

퀸스 다이아몬드 주빌리 *Queens Diamond Jubilee*

2012년 엘리자베스 여왕 즉위 60주년 기념 제품이다. 25주년, 50주년,
70주년 등의 기념이 되는 제품들을 내놓았다. 마케팅의 절호의 기회를 잘
활용한다. 외형 디자인에서 소비자가 잡고 싶은 유혹을 느낄 정도로 파스

텔 톤의 세 가지 색상으로 선을 보
인 제품이다. 아쌈과 중국 찻잎을
반반 섞었다. 수색은 엷은 적색으
로 온도가 식어가면서 꽃 향이 풍
기는 맛이 일품이다.

마리아주 프레르 *Mariage Freres*

1980년 초, 최근에 출발한 마리아주 프레르는 여러 향을 합친 가향차
로 이름을 알렸다. 이 브랜드 덕분에 커피에 가려져있던 프랑스의 홍차 위
상이 영국에 버금갈 정도로 격상되었다. 지금까지 600여 종의 다양한 제
품들을 소화 해낼 정도로 왕성한 생산 라인을 유지시키고 있다. 출발한 지
14년 후 소매상에 보낼 안내 카탈로그에는 250가지의 신상품이 리스트에
올라왔을 정도로 급부상했다. 당시로서는 깜짝 놀랄만한 엄청난 생산이었

다. 그 무렵 일본에서도 홍차에 관심이 일어날 때라 그 여세를 몰아 아시아에서는 처음으로 티 하우스를 오픈했다. 2003년에는 신주쿠에다 두 번째 숍을 열어 일본 시장에 입지를 굳힌다.

프레르 이전까지 프랑스의 차 시장은 규모도 허술하고 정치적인 이유로 홍차보다는 커피를 선호해서 겨우 명맥만 유지해왔던 터였다. 프레르에 의해 젊은 층을 겨냥한 신선한 아이디어로 시장이 활성화하기 시작했다.

사실 유명세를 타게 된 계기는 회사를 인수한 부에노와 태국인 키티 차상마니kitti cha sangmanee라는 두 젊은 청년 때문이다. 젊은 감각과 독특하고 예술적인 발상으로 제품의 르네상스 시대가 열린 것이다. 특히 상마니는 티 블레너로서 타고난 감각을 가진 청년이었다. 향과 맛, 색상에서 상상을 뛰어넘는 파격적인 아이디어로 고객의 눈, 코, 입을 최고 수준으로 끌어올렸다. 기존의 가향차와는 다른 차원으로 과감한 승부수를 띄웠던 게 빛을 발한 것이다. 상마니가 1995년에 내 놓은 라루트 뒤탕 이라는 톡톡 티는 블렌딩 제품이 있다. 일찍 요절한 동료를 기리면서 만들어 낸 차

다. 생강 향이 배인 녹차 같은 맛이 나는 홍차다. 그런데 이 차의 특징은 마시면서 서서히 생강 맛이 부드러워진다는 점이다. 녹차를 베이스로 한 가향차 외에도 우리에게도 잘 알려진 마르코 폴로, 웨딩 임페리얼, 얼 프레시 블루 등 마치 고급 양주가 진열되어 있는 듯하다.

영국 브랜드 별
총 정리

홍차 영국 브랜드(Brand) 총정리

회사 명칭 브랜드: 트와이닝스Twinings, 웨지우드Wedgwood, 아마드Ahnad, 위타드 오브 첼시Whattard, 포토넘엔메이슨Fortnum&Mason, 클리퍼Clipper, 세인트제임스St, James's Tea, 아쉬비즈Ashbys, 티 팰리스Tea Palace, 테틀리Tetley, 위타드오브첼시Whittard of Chelsea, 잭슨스오브피카딜리Jacksons of Piccadlly, 헤로즈Harrods, 피지팁스PG Tips

단일 브랜드명

포트넘 앤 메이슨 1707 잉글리쉬 브렉퍼스트, 얼그레이, 로열 브랜드, 퀸 앤, 오렌지 페코, 애프터눈, 스트로베리 틴, 애플 틴, 레몬 틴

웨지우드 1991 (도자기 1759) 얼그레이 틴, 얼그레이 플라워, 잉글리쉬 티백, 파인 스트로베리, 푸어 다질링, 푸어 아쌈 틴

위타드 오브 첼시 1886 얼그레이 틴, 잉글리쉬 브렉퍼스트, 다질링 틴/티백, 잉글리쉬 로즈 틴, 송져스 얼그레이 틴, 블루베리 리필 팩, 얼 그레이 틴, 유니언 잭 잉글리쉬 브렉퍼스트 틴, 〈트와이닝〉 1706 얼그레이 틴, 레이디그레이 틴/티백, 잉글리쉬 브렉퍼스트 틴, 다질링 틴, 실론 오렌지 페코 틴/티백, 레몬 앤 진저 티백, 스트로베리 앤 망고 티

백, 카모마일 티백, 컬렉션13종 티백, 페퍼민트 티백, 루이보스 티백

아마드 1680 잉글리쉬 브렉퍼스트 틴/티백, 얼그레이 티백, 실론틴, 다질링 틴, 아마드 립톤, 스트로베리 센세이션 티백, 라즈베리 인델전스 티백, 애플틴, 스위트 8종 세트 티백, 애프리 콧 선라이즈 티백, 시나몬 헤이즈 티백, 망고 매직 티백, 레몬 앤 라임 트위스트 티백, 아쌈 1st flush 티백, 우드 케이스 종 세트

테일러 오브 헤로게이드 1886 얼그레이틴/티백, 티피 아쌈 틴, 애프터는 다질링틴/티백, 잉글리시브렉퍼스트틴/티백, 요크셔골드 틴/티백, 레몬 앤 오렌지 티백

이밖에 클리처의 얼그레이 티백, 잭슨스의 아쌈 티백, 파트리지 아쌈 티백이 있다.

문화 콘텐츠를
풍성하게 하는 티타임 풍경

홍차! 동양에서는 예의범절의 수단으로 사용했지만, 서양에서는 단순 음료로 치부했다. 그러나 드라마나 영화에서 보면 홍차가 심신의 위로가 된다는 것에는 동서양이 따로 없었다.

크랜포드 *cranford*

2007년 작품. 영국 BBC 상영.
엘리자베스 가스켈(Elizabeth Gaskell, 1810년~1865년)의 동명 소설을 재구성한 5부작 드라마
감독 사이먼 커티스, 스티브 허드슨
출연 주디 덴치, 프란체스카 애니스, 에일린 앳킨스

1840년대 영국 북서부에 위치한 체셔 지방의 작은 마을, 크랜포드에 사는 보수적인 사람들 사이에 일어나는 시시콜콜한 이야기들이 세밀한 톤으로 그려져 있다. 빅토리아 시대가 막 열리면서 모든 게 변화하고 사람들의 가치관도 바뀌고 있는 상황에서, 크랜포드의 주민들만은 변하지 않는 모습으로 옛 가치를 지키려고 애쓴다. 어쩌면 이들의 모습이 시대에 역행하는 시골 촌아낙들로 보일지 모른다.

어느 날, 이 작은 마을에도 산업화의 물결이 불어오면서 동네가 시끄러워지기 시작한다. 크랜포드와 맨체스터를 있는 철로가 들어선다는 정보다. 이때부터 엉뚱하고 재미난 이야깃거리들이 사건사고로 이어진다. 사고라곤 기껏 소가 집을 나갔다거나, 고양이가 우유를 홀라당 다 먹어치웠다는 게 전부인 동네였는데 말이

다. 하지만 마을에서 일어나는 다양한 사건들을 통해서 마을 사람들의 유대감, 공동체 의식, 계급사회의 구조 등을 보여준다는 점에서 흥미진진한 텍스트다.

어느 상황에서나 차만은 곁에 두고 사는 사람들이다. 드라마 초반에 찰스 말버 경과 브라운 선장이 새로 이사 온 제시 집을 방문한다. 대화 도중 제시가 쟁반에 차를 받쳐 들고 들어오면서,

"일꾼들이 아주 잘해줬어요. 이삿짐에서 제일 먼저 내린 게 주전자였으니까요."

짐에서 주전자를 제일 먼저 내리다니……. 우린 뭘 먼저 내릴까 생각해 보았다. 또 다른 장면은 부인들도 흥이 나면 찻잔이 박자 맞추는 리듬 악기가 된다는 걸 보여준다. 체면을 중요시하고 속내를 어지간해선 드러내놓지 않는 영국 사람들이다. 고든 소령과 제시가 피아노를 치면서 2중창으로 〈로크 로먼드〉를 즐겁게 부르고 있는 가운데, 이를 지켜보던 이웃집 아주머니 한 명이 티 스푼으로 찻잔을 톡톡 치면서 박자를 맞추는 모습이다.

"티 스푼으로 박자를 잘 맞춰 주었어요." "음악에 취하면 종종 그러곤 한답니다."

적벽대전

2008년 개봉 미국.

감독 오우삼

주인공 양조위, 금성무, 장쳰, 린즈링

적벽대전은 위나라와 오나라 간의 전쟁이며, 삼국지에 나오는 가장 유명한 전투 중 하나다. 유비, 관우, 장비와 제갈공명은 그렇다할 전력이 없는 관계로 오나라를 돕게 된다. 이 전투에서 재갈공명은 바람의 방향까지 바꾸어가면서 위의 100만 대군을 상대로 적벽에서 명쾌한 전투를 벌인다. 전쟁의 여신은 오나라 손권의 손을 들어주었지만, 그 뒤에는 주유가 있었다. 조조가 가지지 못한 여인 소교가 주유의 평생 배필이다.

적벽으로 출정을 앞둔 주유를 바라보는 그의 아내 소교. 소교가 사모하는 남자, 조조는 지휘봉을 들고 100만 대군을 이끌고 주유와 맞서야 한다. 그런 상황을 알고 있기에 내심 괴로워한다. 남편의 안전이 걱정되지만 이를 차마 말하지 못하는 가운데, 유비와 손권 연합군은 적벽으로 향한다.

주유와 조조가 출정을 앞두고 잠시 머리를 식히려고 가야금을 타는 동안 소교가 그윽한 눈빛으로 바라보고 있다가 차를 대접하는 장면이 있다. 속내가 각기 다른 세 사람, 그들의 표정이 압권이다. 국자로 차를 떠서 찻잔에 따르는 소교는 찻잔을 두 손으로 받쳐서 이마에 올리면서 고개를 살짝 숙인다. 그런 다음 차분히 차를 마시는 장면이 있다. 이마에 댄다는 것은 그들만의 최고의 예를 갖추는 것이다. 적벽대전에서 보여주는 이러한 다도 방식은 색다른 모습으로 관객들에게 다가온다. 중국 건안 14년^{209년}, 중국의 차는 단순한 음료가 아닌 소중한 사람에게 예의를 갖추는 의식의 하나였다.

나의 왼발 *My Left Foot: The Story Of Christy Brown*

크리스티 브라운(Christy Brown, 1932~1981)의 소설을 영화로 옮겼다.
그는 아일랜드 작가 겸 화가이자 시인이다.

감독 짐 쉐리단

주연 다니엘 데이 루이스, 레이 맥아널리, 브렌다 프리커

왼발 하나로 인간 승리를 이룬 아일랜드 태생인 크리스티 브라운의 자서전이다.

영화의 원작인 크리스티 브라운의 동명 소설 『나의 왼발』을 영화로 재구성했다.

선천적 뇌성마비 장애를 갖고 태어난 크리스티는 전신이 비틀리고 아무것도 못하는 식물인간과 같은 소년 시절을 보낸다. 그러던 어느 날 왼발 하나만 신경이 살아있다는 걸 알았다. 강한 의지를 가진 어머니의 극진한 희생과 가족들의 사랑, 의사 로버트 콜리스와 주위 사람들의 헌신적인 도움으로 오직 왼발 하나로 그림을 그리고 글을 쓰면서 잠재된 재능을 발휘하게 된다. 신체장애를 극복하면서 차츰 이성에도 눈을 뜬다.

크리스티가 27세 되던 해, 뇌성마비 장애자 후원모임에서 만난 간호사 메리에게 사랑을 느끼지만 메리는 헌신적인 사랑이었고 크리스티는 이성적인 사랑이었다. 이루지 못할 법한 장애인과 비 장애인의 순수사랑이 영화를 보는 관전 포인트다.

육체적 장애만이 장애일 뿐 그의 내면의 깊은 정신세계를 만날 수 있다. 실제의 주인공 크리스티와 혼동할 정도로 다니엘의 실감나는 열연과 인간 한계를 극복한 실화가 가슴 뭉클하게 다가와 홍차가 자주 등장하지만 거기까진 몰입이 안 될 정도다. 그러나 홍차는 흥분을 가라앉히는 각성제라는 게 확인됐다. 후원회 파티에서 크리스티는 자신의 진정한 사랑을 이해 못하는 참석자들에게 답답한 나머지 냅다 고함을 지르고는 그 자리를 난장판으로 만들었다. '사랑 같은 거 할 줄이나 알겠어'라고 생각하는 비 장애인들 앞에서였다. 그는 매리를 여성으로 짝사랑하고 있었던 것이다. 옆에 있던 샤론도 눈물을 글썽이면서 흥분해서 소리를 지른다. 이때 저쪽에서 들리는 소리.

"샤론! 차 마시러 얼른 들어와라. 진정해야지. 지금 들어와."

크리스티는 메리와 결혼해 행복한 삶을 누리다가 1981년, 저녁식사 도중 갑자기 음식이 식도에 걸려 마흔아홉의 나이로 세상을 떠났다.

배우 다니엘 데이 루이스Daniel Day Lewis는 1990년 아카데미 남우주연상을 받았다.

엠마 *Emma*

영국 BBC 드라마. 〈엠마〉는 제인 오스틴(Jane Austen, 1775년 12월 16일~1817년 7월 18일)이 1815년에 발표한 네 번째 작품이자, 생전에 마지막으로 출간한 소설을 드라마로 각색 한 것이다. 1996년 영국 TV판 엠마 역은 케이트 베킨세일Kate Beckinsale이 맡기도 했다.

감독 짐 오한론

주연 로몰라 가레이, 조니 리 밀러, 마이클 갬본, 루이스 딜란, 탬신 그레그

19세기 초 영국 근교의 작은 시골 마을 하이베리에 사는 스물한 살 아가씨 엠마 우드하우스는 발랄하고 자기주장이 강한 적극적인 여성이다. 그녀는 자신의 가정교사 테일러와 이웃에 사는 웨스턴을 중매해주고 그들이 결혼까지 골인하는 것을 보면서 세상에서 가장 멋진 일은 '잘 어울리는 선남선녀를 맺어주는 일'이라 판단한다. 신이 난 그녀는 이번에는 새로 사귄 친구 해리엇 스미스의 짝을 찾아주겠다고 나선다. 이때부터 그녀의 좌충우돌 고민이 시작된다.

해리엇의 적당한 남편감을 찾던 엠마는 교구 목사 엘튼을 해리엇의 남편감으로 점찍지만 그녀의 집안 내력이 안 좋다는 이유로 그 남자는 다른 여성과 결혼하고 만다. 다음으로 웨스턴 씨의 아들 프랭크 처칠을 지목했는데 역시 실패였다. 그때 사교적인 처칠을 만나면서 엠마 자신도 좋아지려는 순간에 그 남자는 떠나가고 만다.

이쯤해서 엠마는 그녀와 남녀 사고의 견해차가 있는 나이틀리를 만나게 된다. 만남을 주선하는 과정에서 나이틀리와 자주 의견충돌을 빚었던 엠마는 해리엇으로부터 나이틀리를 사모한다는 고백을 듣게 된다. 나이틀리와 무도회에서 춤을 추면서 러브 라인이 눈빛에서 형성되던 엠마는 자신도 모르게 나이틀리를 사랑하고

있음을 깨닫게 된다. 평소 자신은 솔로로 지내겠다고 누누이 강조했던 엠마는 여러 사건을 일으키면서 더욱 성숙해지고 결국 나이틀리와 맺어진다는 스토리다. 눈을 즐겁게 해 줄 볼거리들이 풍성하다. 신고전주의 다양한 의상과 가든 티파티, 야외 피크닉, 티 푸드와 곁들인 무도회 사교 문화와 깔린 배경 음악까지. 기분 전환용 추천 명화다.

이 영화에서 보듯 영국인들은 티타임은 정확히 지키고 커피보다 홍차를 더 선호하고 있다. 홍차와 관련된 이야기나 장면들이 열 번 이상 나타난다. 엠마는 그녀의 집을 방문한 나이틀리와 해리엣 일로 언성을 높인다. 그러는 와중에서도,

"벌써 차 마실 시간이 됐는데 차가 아직 안 보이네요 아버지를 불러야할까 봐요."

이런 대화내용도 있다. 화려한 무도회가 열리고 있는 와중에 일부 여인들은 잠시 티 푸드 타임을 갖는다.

"이런 멋진 음식들은 처음 봐요. 커피는 됐습니다. 커피는 안 마셔요. 홍차를 좀……, 아! 여기 이미 있군요."

영국인의 홍차 사랑은 그침이 없다.

고급 찻잔 이야기

중국의 차를 유럽인들은 '동양의 신비로운 차'라면서 열광했다. 차에 대한 귀족들의 관심은 자연스럽게 찻잔으로 이어졌다. 중국풍의 다기로 차를 마시는 것이 자신들의 품위가 한층 돋보인다고 생각했고, 여기에 맞춰 유럽의 도공들은 새, 꽃, 곤충 등의 문양이 새겨진 중국 스타일 그대로 다기를 만들기 시작했다.

중국으로부터 많은 찻잔을 수입한 상류층들은 청색의 다기들을 보면서 황홀해했으며, 이국적이며 내구성이 강한 찻잔을 신주단지 모시듯 귀하게 여겼다. 이렇게 시작된 열풍은 결국 직접 찻잔을 제작하기에 이른다. 18세기 중반이 넘어서면서 일반인들도 차를 즐기기 시작했고 생동감 있는 색채와 고급스러움이 돋보이는 디자인이 출시되기 시작했다.

"천국에 가는 길은 찻주전자를 거쳐야한다." - 고대 속담

와인을 돋보이기 위해 와인 잔을 만들 듯 차를 돋보이기 위해 찻잔이 만들어졌다. 본래는 손잡이가 없는 티볼tea bowl이었다. 그러다 19세기 후반 들어 지금의 손잡이가 달린 찻잔으로 진화되었다. 이것은 와인 종류에 따라 와인 잔을 고르듯, 스트레이트 홍차나 밀크 티에 따라 찻잔을 고르는 상류층의 변화무쌍한 유행 심리를 반영한 것이다.

조사이어 웨지우드 *Josiah wedgwood, 1730~1795* 영국의 가난한 도공의 아들로 태어난 조사이어는 20대에 도자기 업체에서 일하다가 1759년에 웨지우드 도자기 회사를 창립했다. 서민층도 구입할 수 있게 무늬와 컬러를 무시한 검소한 자기를 만들어낸다. 1763년 크림색과 단색의 조화를 이룬 찻잔세트를 조지 3세의 왕비에게 납품되어 '퀸스 웨어'란 명칭을 얻었다. 이 자기는 나중에 '실용자기'의 대명사라는 별칭이 붙는다. 조사이어 자기를 유명하게 만든 건 훗날 탄생된 '재스퍼 웨어Jasper ware'다. 1770년대는 신고전주의 문화가 부활한 시기라 엘리트들 간에 과거의 미를 다시 보는 게 유행이었을 때다. 조사이어도 고대 미술을 배우면서 그 시대의 걸작 '포틀랜드 항아리'라는 작품에 푹 빠지게 된다.

이때 착안해서 만든 게 1774년, 신고전주의 풍의 흑백의 색을 입히고 위쪽으로는 고대 그리스와 로마의 장식 무늬를 넣은, 포틀랜드 항아리를 본뜬 자기였다. 자기 출시 기념으로 비공식으로 진행된 전람회는 매진 사태가 벌어졌다는 유명한 일화가 있다. 유약 대신 산화물을 첨가하고 그 위에 색깔을 입혀 완성한 자기다. 건강에 이상이 생긴 조사이어가 특별히 부탁해 자기를 만들게 된 재스퍼Jasper는 그의 기술력과 작품성을 인정받아 '재스퍼 웨어'라는 웨지우드의 트레이드마크를 탄생시켰다.

본차이나 다기는 1748년 토마스 프라이에 의해 개발은 되었지만, 실제 키운 건 1800년 웨지우드의 아들 조사이어 스포드 2세다. 스포드 2세는 토마스 때 사용했던 소의 뼈와 화강암, 점토 성분의 비율을 다시 조율해서 튼튼하고 수명이 긴 다기로 재탄생시켰다. 본차이나를 만드는 기본 공식은 지금도 변함없이 적용된다.

우아한 상아색을 띤 다기는 쉽게 제조할 수 있고 내구성이 강하며, 이가 쉽게 나가지 않아 200년이 지난 오늘날에도 영국 다기의 상징이 되었다.

우리나라에 일부 수입된 찻잔의 바닥을 보면 본차이나 마크가 찍혀있다. 중국제가 아니라 영국제다. 1500년대 탐험가 마르코 폴로로 인해 유럽에 알려진 도자기는 차이나하면 그릇을 말하는 통칭이 되어버렸다.

필자가 이번에 다기 공부를 하면서 알게 된 것 중 하나가 진화론의 창시자인 다윈 Charles Robert Darwin, 1809년~1882년은 웨지우드의 외손자라는 사실이다. 할아버지가 쌓은 부는 손자 다윈이 과학자로 성장하는 밑바탕이 되었다.

민턴 *Minton* 요업 빅토리아 여왕은 민턴에게 결혼기념으로 남편과 함께 사용할 다기 세트 일체를 주문한다. 민턴은 여왕의 것은 홍색을, 남편의 것으로는 블루 칠을 입힌 다기 위에 새의 무늬를 새기고 금박으로 테두리를 장식해서 여왕을 크게 만족시켰다. 민턴의 요업을 '세계에서 가장 아름다운 본차이나'라고 칭찬했다. 이그조틱 버드Exotic bird라

는 칭호를 얻었고, 바탕 위에 흰 에나멜을 덧칠해주는 파트 슈르 파트 pate-sur-pate 기법은 민턴 요업만의 자랑이자, 자존감이다.

로열 덜튼 *Royal Doulton* 덜튼 그룹은 영국 도자기의 산 역사다. 덜튼 요업은 존 덜튼John Doulton이 1815년 22세의 나이에 자신의 성을 따서 설립한 도자기 브랜드다. 당시 런던의 템즈 강변에는 도자기 공장이 여럿 있었는데, 존 덜튼은 그곳에서 치열한 경쟁을 이겨내며 기반을 굳혀갔다.

1871년부터 아들 헨리Henry가 사업을 이어받으면서 예술성을 가미한 디자인 개발에 박차를 가한다. 그 결과로 1897년, 도자기 발전의 공로를 인정받아 빅토리아 여왕으로부터 요업계에서는 최초로 기사 작위를 받게 된다. 1901년에는 회사 이름에 로열이라는 왕관 심벌마크를 붙일 수 있는 영광까지 얻었다. 승승장구로 이어진 그룹의 명칭이 로열 덜튼 요업이다.

홍차로드

덜튼 다기는 공식 만찬 테이블 웨어에 제격이라는 평이다. 커피세트와 디너용 테이블 웨어가 주종을 이루는데, 특히 우아하면서 격조 높은 디너 세트는 세계적으로 호평을 받고 있다. 세계 각국의 왕실과 대사관에서 널리 애용하는 명품으로 알려진 로얄 덜튼은 현재 20개 이상의 도자기와 글라스 공장을 보유한 영국 제일의 요업그룹 메이커로 성장했다. 파라곤과 로얄 크라운 더비 브랜드를 가지고 있으

며, 영국 전체 생산량의 40퍼센트를 차지하고 있다. 우리나라 수입 도자기의 명품으로 알려진 로열 앨버트도 이 그룹의 소속 브랜드다.

로열 앨버트 *Royal Albert* 로열 덜튼 그룹에 속해있는 로열 앨버트는 빅토리아 여왕의 손자 앨버트 조지공의 이름에서 따온 것이다. 로열 앨버트 다기의 트레이드마크 하면, 일명 황실 장미로 불리는 올드 컨트리 로즈다. 해럴드 홀드크라프트 손에 의해 태어난 황실 장미는 1962년 소개된 이후 지금까지 전 세계에서 1억 점

이상이 팔린 것으로 알려졌다. 올드 컨트리 로즈 무늬의 찻잔은 우리나라에서도 수입 도자기 최고의 매출을 기록하고 있다.

버얼리 *Burleigh* 우리보다 일본에 더 알려진 버얼리는 우리나라에서 그동안은 로열 브랜드 다기에 눌려 있다가, 최근 들어서야 기지개를 펴는 중이다. 잔잔한 호숫가에 물결이 일듯이 청색 바탕 위에 그려진 가녀린 무늬는 주로 일본과 한국인이 좋아하는 패턴이다.

1851년, 영국 도자기 마을에 세워진 버얼리는 현재까지도 빅토리아 시대부터 사용해오던 기계와 장비로 제품을 생산하고 있다. 전통적 방식인 핸드 메이드를 고

수하며 생산되는 그릇마다 프린팅이 약간씩 다른 게 특징이다.

화려하지 않으면서 우아한 멋을 풍기는 버얼리 다기는 '홍차를 돋보이게 하는 찻잔' 검색순위 1위를 차지한다.

바바리아 *Bavaria* 1814년 칼 마구누스 후첸로이터라는 사람은 바이에른 지역을 여행하는 중에 이곳 토양에 반해 훗날 도자기 공장을 세우게 됐다고 한다.

바바리아는 바이에른 지방의 고대 도시이름이다. 이 도시는 꾸준히 자기산업을 발전시키며 도자기 산업의 명가로 자리 잡았으며, 바바리아라는 유명 브랜드를

낮게 되었다.

여기 제품 중 잔 바닥에 'US-Zone'이라고 쓰인 실버 잔이 있다. 독일이 2차 세계 대전 패망 직후 독일을 점령한 프랑스, 러시아, 미국의 나라들이 다시 전쟁을 일으킬 줄 모를 불안감에 모든 산업을 금지시킨 적이 있다. 그러나 미국 사람들은 독일산 자기를 좋아해서 도자기만 생산 가동을 하도록 지시했다. 대신 여기서 생산되는 제품 중 'US-Zone'이라고 새긴 품목에 한해서만 판매를 허가했다. 1949년 까지 생산된 한정판이었고, 지금은 빈티지 명물로 거의 찾아보기 어려운 보물이 되었다.

바바리아 제품마다 색감과 꽃문양이 화려해서 여기 소개하는 장미 문양은 영국산 로열 앨버트 제품의 로즈 잔이 아닌가 할지도 모른다. 다른 다기에 비해 가볍고 디자인 구성이 깔끔하면서 단조로운 편이다.

로열 코펜하겐 *Royal Copenhagen* 덴마크를 대표하는 도자기 브랜드이다. 시작은 하인리 뮐러라는 약학자에 의해서다. 그러다 운영난을 겪으면서 도산을 하게 되자 크리스티안 7세의 왕비인 율리안 마리가 도자기의 가치를 알아보고 후원자를 여기저기 물색한다. 이것마저 신통치 않자 1775년 왕실 내에서 할 수 있도록 가마 사용권을 허가해주었다. 그러나 1779년 이 공장도 운영을 할 수 없게 되자 당시

왕인 크리스티안 7세가 재정적 책임을 지고 이름도 '왕립 덴마크 도자기 공장'으로 변경해 왕실이 직접 운영하게 된다.

로열 코펜하겐에 명성을 안겨준 블루 플루티드 플레인은 1775년 왕실에서 가마를 구울 당시 탄생했다. 이것은 흰 바탕 위에 새겨진 블루보다 더 눈부시게 푸른, 청화백자에 새겨진 꽃무늬를 일컫는다. 한 폭의 그림처럼 잘 어우러져 산뜻하고 우아한 기품을 보여준다.

이 작품에 힘을 받아 '플로라 다니카Flora Danica' 식물도감에 수록된 꽃 시리즈 접시는 무명이던 로열 코펜하겐을 세계 4대 명품 반열에 올려놓았다. 접시에는 도감에 실린 꽃의 분류법에 따라 일일이 손으로 채색한 3천여 개의 판화가 수록되어 있다. 거기까지만 작업이 완성되기까지 무려 122년이나 걸렸다. 1761년부터 1993년까지 232년에 걸쳐 이루어진 매우 방대한 작업이다.

아이템 시리즈의 실체는 로열 코펜하겐을 직접 운영하던 크리스타안 7세가 1790년 러시아의 여제 에카테리나 2세에게 보내는 선물로 처음 제작되었다. 도자기 위에 덴마크에서 자생하는 2천 600여 종의 식물을 그려 넣어 만드는 역사적인 프로젝트였다.

자기 바탕에 꽃의 뿌리까지 그려 놓는다는 것은 도자기를 통해 꽃 편지를 담아내는 것과 비슷한 맥락이다. 플로라 다니카 라인은 접시 위에서 꽃말의 메시지를 보내고 있다. 찻잔을 보고 있노라면 야생화 향기가 물씬 묻어나는 듯하다.

오늘날의 블루 플루티드의 모습을 갖추게 된 것은 1885년 아르놀 크로그 디자이너가 취임하면서다. 일본의 공예작품에서 영감을 얻어 유약 아래에 그림을 그리는 언더글레이즈^{Underglaze} 기법을 발전시킨 그는 단조로운 코발트 블루의 사용에만 한정되었던 풍경 묘사를 벗어나 자연주의적인 채색으로 변신을 시도했다.

이 새로운 기법의 자기는 1889년 파리 만국박람회에 출품되었고, 덕분에 한동안 유명세를 타고 탄탄대로를 질주했다.

현재 로열 코펜하겐 공장은 2003년 이후 태국으로 생산 라인이 이전한 것으로 알려진다.

소설 속의 홍차

미국과 영국의 18세기 전후 소설을 보면 홍차와 관련된 이야기들이 자주 묘사되는 것을 확인할 수 있다. 유럽의 역사와 문화 풍속을 말할 때 홍차를 빼놓을 수 없기 때문이다. 삶을 다루는 소설에서는 홍차가 주인공 다음으로 중요한 존재다.

여인의 초상 *The Portrait of a Lady*

헨리 제임스(Henry James, 1843년~1916년)

소설의 서두에서는 차에 관한 글로 독자와 첫 만남을 시작한다.

"어떤 상황에서는 오후의 다과라고 일컫는 의식에 바쳐진 순간보다 더 즐거운 시간을 인생에서 찾지 못할 때가 있다. 당신이 차를 마시든 마시지 않던 간에 그 자체로 즐거운 상황들이 있는 것이다."

"차가 놓인 낮은 탁자와 가까운 고리버들 세공 의자에 깊숙이 앉아 있는 노인과 그 앞을 오가며 한두 마디 던지는 두 젊은 남자의 그림자였다. 노인은 손에 잔을 들고 있었는데 나머지 잔들과는 모양이 다르고 화려하게 채색된 유별나게 큰 잔이었다. 노인은 매우 신중하게 차를 마신 뒤에 잔을 들고서 집 쪽으로 얼굴을 돌리고 있었다."

이 후에도 차를 마시는 장면은 계속 이어진다. 주인공 이자벨 아처는 당차고 똑똑한, 그러면서 순순한 미국 여성이다. 영국으로 건너와 자유와 독립을 꿈꾸면서 많은 고민 끝에 오즈먼드와 결혼을 결심하지만, 세속화된 유럽사회에서 배신당하고 구속받는 삶을 살게 된다. 남자 하나로 인한 갈등과 스스로의 선택을 사실적으로 다룬 작품이다.

부모가 세상을 떠나면서 언니 집에 얹혀살고 있는 이사벨 아처는 영국에서 사는 이모인 터챗 부인을 따라 유럽으로 건너가게 된다. 여기에 터챗 부인의 아들 랄프가 등장하는데, 사촌 랄프는 그녀를 좋아한 나머지 그녀의 꿈을 돕기 위해 아버지를 설득하여 유산의 절반이 이자벨에게 돌아가도록 힘쓴다.

이자벨에게는 모두 세 사람의 구혼자가 등장하게 되는데, 이 중 한 명이 길버트 오스먼드이다. 이탈리아에 사는 오스먼드는 자신은 예술품을 수집하는 고상한 취미를 가진 우아한 남자로 이자벨에게 접근한다. 그녀의 꿈을 알고 있던 터라 이자벨의 마음을 사려고 갖은 술수를 쓴다. 좋은 결혼상대가 아니라는 터챗 부인이나 랄프의 조언은 오히려 오스먼드에게로 더 마음이 기울게 만든다. 반대하면 더 엇나가는 법, 이미 눈에 콩까지가 씌어버린 후다. 결국 좋은 혼처를 다 마다하고 재산을 노리고 접근한 오즈먼드를 선택한다.

마담 멀이 이사벨에게 오스먼드와의 결혼을 강력하게 추진한 배경은 이야기를 마무리할 즈음에서야 드러나게 되는데, 당시로서는 놀랄만한 반전이 숨어있는 스토리텔링이었다.

알고 보니 오즈먼드는 퇴폐적인 속물이었다. 결혼 후 그는 이자벨을 자신이 원하

는 대로만 길들이고, 자신의 딸 팬지조차도 자신에게 이익이 되는 쪽으로 결혼시
키려 한다. 이런 과정에서 이자벨은 자신을 오스먼드와 중매 섰던 멀 부인과 그가
내연관계였다는 사실을 알게 되면서 충격에 휩싸인다. 충격에서 다소나마 벗어나
고 싶어 자신을 좋아했던 사촌인 랄프를 찾아간다. 그러나 그녀가 그를 만났을 때
는 랄프가 병으로 죽음이 임박 할 때였다. 그의 죽음을 계기로 갖가지 생각이 교
차한다.

작가는 주인공을 가정으로 돌려보내면서 이야기를 마무리 짓는다. 이런 결정은
지나간 자신의 행동에 책임을 지라는 메시지로 보인다. 과연 글쓴이가 여성이었
어도 이런 결론을 내렸을까. 책을 덮으며 여러 생각을 해본다.

오만과 편견 *Pride and Prejudice*

제인 오스틴(Jane Austen, 1796년~1797년)

41세에 요절한 영국의 소설가 제인 오스틴은 여성만의 섬세한 시선과 재치 있는
문체로 18세기 영국의 중상류층 여성들의 삶을 다루는 것이 특징이다.

배경은 17~18세기 영국의 시골 롱본이며, 당시 영국의 재산법에 의하면 아들이
없는 집안에서는 부모의 재산 상속권이 친척에게 돌아갔다. 롱본의 딸만 있는 베
넷 가문은 이런 이유로 부모들이 딸들을 속히 결혼을 시키려고 한다. 딸들이 배우
자를 찾게 되는 과정을 다룬 달콤한 연애소설이다. 작가는 여성이 결혼할 때 발생

하는 오해와 편견에서 일어나는 사랑의 갈등을 여성만의 세심한 관찰로 그려 나간다. 설레는 사랑을 할 때, 결혼을 할 때 남자와 여자가 사로잡히기 쉬운 '오만과 편견'을 생동감 있게 그려내며 그 가운데 진정한 사랑이 무엇인지 깨닫게 한다.

현실에서 가진 게 없는 여성들이 얻을 수 있는 유일한 생계 수단은 결혼이다. 그런 현실에서 주인공 엘리자베스 베넷과 친구 샬롯은 신분이나 사는 게 비슷한 처지다. 친구는 미래 생활을 보장받기 위해 조금도 사랑하지 않는 남자와 결혼하지만, 엘리자베스는 결혼의 조건은 오직 진정한 사랑이라고 믿는 순수녀다.

남자 주인공 피츠윌리엄 다아시는 자신의 친구 빙리와 엘리자베스의 언니인 제인의 결혼을 그녀가 이름난 가문 출신이 아니라는 이유로 반대한다. 그런 사실을 알게 된 엘리자베스는 그를 건방지고 편견에 가득 찬 속물로 여기며 외면해 버린다. 그러나 나중에 오해와 편견에서 비롯되었다는 걸 깨닫는다.

이런 일을 겪으면서 두 사람이 서로를 알아가는 과정을 통해 엘리자베스는 현실에 굴하지 않고 자신의 의지를 희생하지 않고도 사랑을 얻게 된다는 이야기다.

이 책이 현재까지도 사랑받는 이유는 바로 주인공 엘리자베스와 다아시의 신분과 재산을 넘어선 순수한 사랑만으로 맺어진 점이다. 이런 사랑을 통해서 독자들은 대리 만족을 느낀다.

대부분의 작가가 그렇겠지만 제인 오스틴 역시 그녀가 그랬던 것처럼 소설에서 홍차에 관한 장면을 자주 등장시킨다. 소설 『엠마』『맨스 필드 파크』에서도 그렇다. 독자들은 『오만과 편견』의 엘리자베스와 『엠마』의 엠마를 보고 있으면 작가를 보는 듯하다, 라고 말한다. 그만큼 일상의 얘기를 사실처럼 실감 있게 그려내고 있다.

실지로 작가는 홍차 마니아였다. 차를 사기 위해 트와이닝 매장을 자주 들르고, 찻잔을 모으는 취미로 웨지우드 고객이 되었다. 집에 손님이 오면 작가가 직접 차를 대접하고 티 박스는 철저히 관리했다. 힘들고 괴로울 때, 고민이 있을 때마다 홍차 마시는 장면을 넣은 걸 보면, 제인 오스틴에게 홍차는 때마다 위안이 되는 친구였던 것 같다.

기싱의 고백

조지 기싱(George Robert Gissing, 1857년~1903년)

영국의 수필가이자 소설가인 기싱은 헨리 라이크로프트라는 가공인물을 내세워 자기 자신의 반성과 성찰을 담은 회고록 『기싱의 고백』을 썼다. 영혼을 울리는 한 인문주의자의 고백이라는 평이다.

"봄, 인간은 자신의 불행 속에 홀딱 빠지는 성미 고약한 짐승이다."
"여름, 지금의 나는 예전의 내가 아니다."
"가을, 인간은 젊은 시절에 원하던 것을 노년기에 실컷 누린다."
"겨울, 우리의 나날은 사라져서 우리의 셈으로 치부될 것이니."

거울 부분에 차 마시는 장면이 느긋하게 한쪽을 채운다.

"아마 내가 느긋한 느낌을 가장 즐길 수 있는 것도 바로 차를 마시는 동안이 아닌가 한다."

"첫잔에서 얻을 수 있는 위안이며 다음 잔을 조금씩 마시는 즐거움을 어디에 비할 것인가! 싸늘한 빗속에서 산책을 마치고 돌아오면 한 잔의 차가 얼마나 후끈하게 해주는가!"

"오후에 차를 마시는 일이야말로 가히 잔치라 불러도 손색이 없거니와……."

"찻잔과 접시가 부딪치는 소리만 들어도 마음은 행복한 휴식의 기분에 젖어들 수 있다."

작가 자신도 애프터눈 티타임은 마음의 위로를 얻고 자기 성찰을 하는 시간이었던 것 같다.[17]

80일간의 세계일주 Le Tour du Monde en Quatre-Vingt Jours

쥘 베른(Jules Verne, 1828년~1905년)

---

[17] 기싱의 고백은 『홍차, 너무나 영국적인』(박영자, 한길사, 2014년)에서 발췌했다.

영국인 필리어스 포그는 1분 1초까지 지켜야 되는, 지나칠 정도로 원칙주의적인 사람이다. 자신과의 시간 약속은 홍차 타임에서도 엄격하다. 그의 하루의 생활은 마치 기계가 일하듯 평소 습관대로 정시 정각에 움직이고 있었다. 포그가 나타나면 시간을 알 듯 그는 걸어 다니는 시계였다. 제시간에 리폼 클럽에 가서 늘 앉는 자리에서 점심을 먹고, 신문을 본 뒤에 다시 그 시간에 저녁 식사를 한 후, 자정까지 카드놀이를 한 뒤 집으로 돌아오는 생활이었다. 심지어 그는 면도할 물의 온도가 평소와 1도만 달라도 하인을 해고할 정도로 한치의 오차도 허용하지 않는 사람이다.

그랬던 그가 새로 들어온 하인 파스파르투와 함께 느닷없이 세계 일주를 떠나기로 결심한다. 신문에 실린 기사 때문이다. 인도에 전 구간 철도가 개통되어서 80일이면 세계를 일주할 수 있다는 기사를 보고 내기를 걸고 싶었던 것이다.

시간에 철저한 그는 세계를 정확히 80일 만에 한 바퀴 돌아올 수 있다고 장담했다. 내기를 좋아하는 사람이라 클럽 사람들에게 전 재산의 절반인 2만 파운드를 걸고, 남은 재산 2만 파운드를 여행 경비 삼아 떠난다. 이때부터 흥미진진한 일들이 펼쳐진다.

포그가 계획한 세계 일주는 영국의 런던을 시작으로 프랑스의 파리, 이집트의 수에즈, 수에즈에서 인도의 뭄바이와 콜카타를 거쳐서 홍콩으로, 다음은 일본의 요코하마, 요코하마에서 미국의 샌프란시스코와 뉴욕을 거쳐 런던에서 마무리하는 긴 여정이다. 이 여정에서 그들이 사용할 모든 교통수단의 출발과 도착 시각을 1분까지 정확히 기록해서 계산해 두었다. 80일이라는 것도 이 계산으로 나온 수치다.

결과는 천신만고 끝에 3초 남겨 두고 리폼 클럽으로 돌아왔지만, 이 과정에서 가는 곳마다 어긋나는 사건들이 매우 흥미롭게 전개된다. 그는 세계 일주를 무사히 마친 덕분으로 은행에 있던 재산과 여행 경비를 되찾았을 뿐만 아니라, 사랑하는 인도 여성까지 아내로 맞게 되었다.

토속 왕이 죽으면 부부가 함께 화장시키는 관습이 있을 때다. 부인이 버젓이 살아 있는데도 남편을 따라 가야 한다는 악법이었다. 인도 여행 중 이와 같은 죽음의 위기에 처한 여성을 보고 포그는 말도 안 되는 소리라며 하인과 구해주기로 전략을 짠다. 하인이 아무도 눈치 못채게 미리 장작 위 왕비 옆에 누워 있다가 장작이 타 오르기 직전 왕비 아우다를 구해낸다는 대범한 모험이었다. 하인의 살신성인 殺身成仁 덕에 아우다와 남은 여행을 다니면서 사랑이 싹 트였던 것이다. 나라마다 다른 독특한 문화를 보는 재미와 시원하게 펼쳐지는 장면의 묘사는 읽는 내내 시간 가는 줄 모른 채 마지막 장을 덮을 수 있었다. 티타임의 포인트는 인도 여정편이다. 포그를 잡으려고 탐정가 픽스는 영사를 찾아간다.

"런던 경찰이 포그의 체포 영장을 발부 할 수 없네." "녀석이 영국 관할권을 벗어나면 끝장입니다."

"그렇긴 하지. 에구머니! 벌써 4시 티타임이로군." "이런 위기에 티타임이라뇨!"

"위기든 뭐든 차 마시는 데 방해할 수 있는 건 아무 것도 없소."

영사는 안쪽을 쳐다보며 차를 내오라고 손뼉을 친다.

포그의 티타임은 어느 나라, 어떤 상황이 온다한들 어김이 없었다. 자신의 철저한 시간만큼 그 시간엔 차를 마셔야만 했다. 심지어 비바람이 몰아쳐서 배가 바다에서 마구 춤을 추는 상황에서도 그는 차를 주문했다. 정복 차림을 한 선원이 비틀대면서 차 쟁반을 받쳐 들고 나오는 장면에선 웃음이 쏟아지게 했다.

포그가 지니고 다닌 것은 여행 가방과 가방보다 무거운 티 보관함이었다. 한번은 기차로 갈 수 없는 지역이라 할 수없이 코끼리를 타고 밀림 속을 헤쳐가야만 했다. 코끼리 등에 타고 있으면서도 티타임이 되면 하인한테 차 도구를 열게 했던 사람이다.

시, 홍차를
노래하다

영성의 사랑

에드워드 영, 1725년

그녀의 두 붉은 입술이 산들바람을 느끼게 한다.

차를 차갑게 식히고 연인을 불타오르게 한다.

하얀 검지와 엄지가 공모하여,

찻잔을 들어 올리고 세상의 아름다움을 칭송한다.

우리 둘을 위한 홍차 *Tea for two*

챔피언 풀톤

제 무릎에 얼굴을 기대요

언제나 미소 짓는 당신,

홍차는 우리 둘을 위해 김을 내고 그 홍차만을 위해 우리가 있는 것 같은 느낌,

당신만을 위해 제가 있고 저만을 위해 당신이 있는 것과 마찬가지예요.

아무도 방해하지 못해요.

친구나 친척, 주말의 파티나 휴가를 떠나는 것 그런 건 잊어버려요.

물론 전화도 필요 없지요.

당신이 잠에서 깨어나면서 하루가 시작 되죠,

저는 슈거 케이크를 굽는 거예요.

가족, 친구들, 여자들은 당신에게 상냥하지만 남자들은 저를 알아요.

모든 게 그냥 꿈에 불과하지만 따뜻한 홍차만을 위해

우리가 존재한다는 느낌이 들 수 있다면 좋잖아요.

차 한 잔 마실 때면 누군가보다 먼저 생각나는 곡 〈Tea for Two〉. 1925년 작곡한 빈센트 유먼스의 재즈 뮤지컬에 나오는 곡이다. 재즈 스탠다드들을 중심으로 신비한 재즈 바에 대하여 주인공이 만나는 사람들을 통해서 듣는 방식으로 이야기는 진행된다.

재즈 피아니스트 아트 테이텀Art tatum의 편곡은 국내에도 알려져 있다. 노래는 미국의 재즈 가수 챔피언 풀톤champion fulton을 비롯해 도리스 데이Doris Day 외 많은 가수들이 선호하는 경쾌하고 신나는 곡이다.

홍차 한 잔 *A nice cup of tea*

비니 홀(Binnie Hale, 1899년~1984년)

일부 사람들은 정치와 과학에 많은 신뢰를 보내지요

그곳에 주인공은 나래요

그의 그런 칭찬은 우리를 아우성치게 해요

차에 끓는 물을 먼저 부울 줄 아는 멋진 남자예요

아침에 홍차 한 잔이 좋아요 제일 먼저 당신을 봐요

11시가 지나도

내 생각은 홍차뿐이에요

난 저녁에도 홍차가 좋아요 잠잘 때 홍차에 대해 많은 얘기를 해요

하늘에서 당신의 비행선은

과학에 대해 얘기할 수 있어요

나는 무선 없이 일을 할 수 있어요

아무리 그래도 당신은 날아서 나를 볼 수 없을 거야

나를 위해 우주의 공공 후원자

천재는 그런 생각이 있어요

홍차에 물을 부을 거예요

당신을 향한 나의 작은 사랑은

오지은

당신을 향한 나의 작은 사랑은

뜨거운 물을 부으면 바로 되는 게 아니라

5분을 기다려요, 홍차 우려내듯이

당신을 향한 나의 작은 사랑은

기다리는 즐거움을 내게 가르쳐 주네

이젠 나도 조금 어른이 되어 가나 봐

떠올려봅니다. 향기로운 황금빛 홍차처럼 빛나는 사랑

떠올려봅니다. 향기로운 황금빛 홍차처럼 빛나고 있는 사랑을요

당신을 향한 나의 작은 사랑은

이제는 슬슬 참을 수 없게 되어갑니다

5분이 지나 면은 쓴맛이 우러나거든

오늘이 지나 면은 날아가 버리거든**18**

---

18 싱어송라이터 오지은이 고모 댁에서 홍차를 마시고 있는데 즉흥적으로 노랫말이 떠올랐다고 한다.

홍차로드

홍차 *Tea*

J. B. 데이즌

오. 사랑스런 베이비,

그것은 단지 내가 깨달을 뿐이에요.

우리는 같지 않아요.

그러나 시간은 우리 편이죠.

다만 최근에, 나는 이상한 걸 발견했어요.

우리의 작은 불꽃

그러나 지금은 사라져가네요.

홍차를 통해서 문제를 토론하지 않겠어요.

모두가 동의 할 수 있는 시간과 장소가 있어요.

시간이 지나면 잊지 않을까요.

누군가가 내 마음에 남아 있을지.

이런 실수를 없앨 방법이 있나요.

미안해요. 만약 다른 사람이라면

즉시 나를 사로잡을 수 있을 텐데요.

내 마음을 사로잡으려면

나에게 의지하면서 제발 강해져요.

오늘만은 확실히 말할 수 있어요.

홍차가 마시고 싶어요 *I want to drink Tea*

Imz Ch.

홍차가 마시고 싶어요

홍차가 마시고 싶어요

처음으로 홍차가 마시고 싶어요

이번에는 커피는 마시고 싶지 않아요

홍차가 마시고 싶어요

티의 노래 *tea tea tea tea tea song*

캄 어 수트라 오브 티 스칼라십Calm-A- Sutra of Tea Scholarship

아주 특별한 홍차가 있어요. 모든 사람들이 마시는 거예요. 영국인, 인도네시아

인, 폴란드인, 중국인. 모든 사람들이 홍차를 마셔요. 블랙 티, 와이트 티, 그린

티, 우롱차가 있어요. 말하기엔 종류가 너무 많아요. 티, 티, 티, 티, 티~ 모든 사람들이 홍차를 사랑해요. 티, 티, 티, 티, 티~ 왜냐하면 홍차가 맛있거든요. 당신과 나, 몸에 좋아요. 건강에 아주 좋아요. 칼로리는 없고 카페인은 들어있어요. 치아에도 좋아요. 누가 홍차를 사랑하지 않을 수 있겠어요. 나에게 홍차만은 남겨두세요. 홍차를 마시면 몸에 좋거든요.

티 가든 송 *Tea garden song*

샨티 우자허Shanta Uzir, 인디아 아쌈India Assam

티가든에 우리의 생활이 있어요. 어디에 가도 푸른색이 있어요. 일을 할 때 기분이 좋으면 춤도 추고 하지요. 우리는 즐거워요. 우리는 즐거워요.

이 외에도 스미노프Smirnoff 〈더 티 랩The tea rap〉 〈티 파티Tea party〉, 요크셔 티Yorkshire tea의 〈더 티 송The tea song〉, 롭 스캘론Rob Scallon의 〈송 어바웃 티a song about tea〉, 맥티건McGetigan의 〈티 송Tea song〉 등등...., 차를 주제로 다룬 노래와 시가 있다.

홍차문화를 보여주는
그림들

Afternoon Tea, by Isidor Verheyden

Women having tea, by Albert Lynch

Gallant conversation, 1894, by Bartolomeo Giuliano

Tea at five, 1894, painting by Pierre Vidal

Afternoon Tea, by George Goodwin Kilburne

PART 3

Tea and Science

홍차와 과학

차란 무엇일까?

한 잔의 홍차를 마시기 위해 잠시 일손을 놓는다, 라는 말이 있다. 그만큼 홍차는 현대인에게 있어서 음료의 차원이 아니라, 바쁜 일상에서 잠시 숨고르기를 할 수 있는 쉼표다.

차는 정말 커피보다 우수할까?

홍차는 푸른 잎, 커피는 붉은 열매를 먹는 것이다. 홍차는 산화시킨 잎을 물에 타서 마시는 음료고 커피는 볶은 열매를 가루를 내어 물에 타서 마시는 음료다. 둘은 향도 틀리고 맛도 틀린다. 단 하나 일치하는 게 있다면 물이 개입해야만 노릇을 제대로 할 수 있다는 것이다. 새카맣게 볶아진 커피콩이 과연 건강에 괜찮은지 의문을 갖는 학자들도 있다. 이렇게 둘의 음료는 외관상에서도 반대의 구도를 이루는 만큼 속내에 들어있는 물질도 부분적으로 다른 성분이다.

커피 속의 성분은 주로 당분, 지방, 타닌Tannin, 카페인Caffeine 등의 성분으로 구성되어 있다. 타닌은 커피의 원두를 볶을수록 쓴맛이 더해지는 폴리페놀 물질에 들어있는 성분이다. 적정선에서 볶지 않으면 커피의 향미마저 떨어뜨리게 된다. 카페인은 원두의 1.3퍼센트 정도만을 차지할 뿐이지만, 전체적인 커피의 맛을 지배하는 요소다. 강심제, 이뇨제 등으로 쓰이기도 하는 카페인은 소량을 섭취하면 편두통과 심장병을 완화시키는 데에 효과가 있는 것으로 알려져 있다.

카페인이라도 찻잎의 카페인은 커피에 없는 다른 성분과 결합해서 생기는 성분이다. 좀 더 설명하자면, 찻잎에서 방출되는 폴리페놀 일종인 타닌과 데아닌Theanine이 카페인의 자극을 완화시켜주는 것이다. 커피에는 없고 차에만 들어있는 데아닌 성분이 완충역할을 해주기 때문이다. 때문에 커피보다 홍차를 마시면 카페인이 천천히 흡수되어 진정 효과를 높인다. 개인마다 신진대사량이 달라서 흡수하는 데도 차이를 보일 수 있지만.

커피와 홍차 중 어느 것이 카페인 함량이 더 많을까? 커피 한 잔 속에는 15밀리그램 정도의 원두 파우더가 들어있고 홍차 한 잔 속에는 2~3밀리그램의 홀 잎통 잎이 들어있다. 홍차는 커피의 3분의 1 수준이지만 흡수되는 용도가 다르기 때문에 이것만 가지고 카페인 양을 논하기에는 애매하다.

카페인 함유량. 물 100밀리리터에 30밀리그램이 들어있고 뜨거운 물속에서 30초 정도 지나면 80퍼센트가 용해된다.

커피 한 잔에 원두 5~15밀리그램

홍차 한 잔에 찻잎 2~3밀리그램

일 때,

카페인 지수 90~120밀리그램

       40~60밀리그램

예) SB사社 커피 한 잔(473밀리리터) 속에 223밀리그램 함유.

아쌈 대엽종 〉 중국산 소엽종/핫 티 〉 아이스 티

이밖에 항산화 물질인 폴리페놀은 채소나 과일, 적포도 등에도 함유되어 있다. 이보다 생활에서 즉시 얻을 수 있는 것이 바로 홍차다. 홍차는 어떤 첨가물이나 인공 감미료가 들어있지 않다. 설탕이나 우유에 들어있는

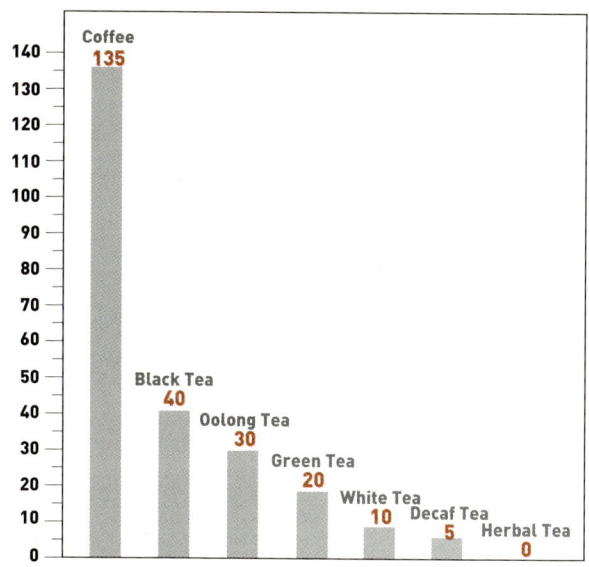

칼로리나 커피에 들어있는 당분조차 없다. 수천 년 약용으로 전해진 동양의 차는 영국으로 유입되면서 기호품으로 발전했다. 그러나 1700년 초창기만 해도 영국에서는 차를 약국에서 팔았다. 커피를 약국에서 팔았다는 기록은 없다. 차는 원산지나 차나무 잎의 상태나 크기, 가공법에서 품질의 등급을 나누지만 커피는 가공 된 상태에서 나눈다. 차는 테루아Terroir나 여러 가지 조건을 중요시하고 커피는 산지보다 가공을 중요시한다.

커피는 맛도 맛이지만 무엇보다 독특한 진한 향 때문에 사람들에게 꾸준히 사랑을 받아왔다. 그러나 그런 향으로 인해 다른 어떤 종류의 식품이 끼어들 수 없다. 혼자 놀아야지 어느 물질하고도 공유가 쉽지 않다는 의미이다. 커피의 세계에서는 가향차나 블렌딩 차라는 용어가 낯설다. 커피는 오직 커피뿐이지만, 홍차는 수천 가지의 향료나 재료를 배합해 메뉴를 무궁무진하게 개발해낼 수 있다. 가공법에 따라 향에 색을 입히는 마법을 가지고 있다.

색과 향, 맛에서도 너무도 다른 홍차와 커피 중 인류에게 혜택을 주는 음료는 무엇일까!

홍차의
영양

전 세계가 홍차에 관심을 놓지 않는 이유는 단순히 귀족 문화의 상징만은 아닐 것이다. 홍차만이 가지고 있는 효능 때문인 것으로 분석한다. 옛 사람들은 차를 약용으로만 써왔지만, 현대인은 음료와 웰빙이라는 두 마리 토끼를 기대하고 있다.

찻잎의 크기는 티 스푼부터 성인의 손바닥 크기까지 제 각각이지만, 그 속에는 수십 종류의 테인Theine, 茶素, 물질19과 함량이 들어차 있다. 현재까지 효능이 과학적으로 입증 된 것은 일부에 지나지 않는다. 그럼에도 불구하고 웰빙 음료로 인정을 받는 저변에는 수천 년 내려오는 임상 실험이 책이나 문헌에서 기록이 되어 내려오기 때문이다. 이것은 현대 과학이 거부할 수가 없는 자연의 영역이다. 이중에서 가장 중요한 테인은 폴리페놀polyphenol 성분이다. 폴리페놀에 밑줄 긋고 귀를 기울여야 할 거다. 이것은 대부분의 식물이나, 채소, 과일 맥주, 커피, 코코아, 나아가 와인 속에 들어있는 광화학성 합성물질이다. 이 안에 들어있는 매인 구성원은 카테킨catechin compound, 카페인, 데아닌, 타닌을 들 수 있다. 이외에도 비타민C, B2, E, 무기질無機質, 플루오르 성분이 함유되어 있다.

카테킨, 잎사귀 한 장에 25~55퍼센트 정도이다. 차의 쓴맛과 떫은맛을 내는 건 75퍼센트의 카테킨 성분이 들어있어서다. 싹과 잎에도 들어있는

---

19 테인: 차의 요소. 차속에 들어있는 약효 성분.

데 차를 우리면 떫은 맛을 내고 있는 게 카테킨 속에 들어있는 타닌 성분이다. 이것이 활성산소에 대한 가장 중요한 요소다.

비산화차인 녹차는 홍차보다 카테킨이 많이 함유되어 있다. 그러나 완전 산화차인 홍차와 차이점은 홍차는 산화 도중에 카테킨 일부가 또 다른 성분으로 바뀐다는 것이다. 바뀌는 성분도 항산화 물질인데, 산화가 시작되면 그 속에서 폴리페놀에서 생성된 테아플라빈Theaflavin 물질이 새롭게 생기기 시작한다. 그 물질로 인해 독보적인 홍차만의 홍갈색이나 연갈색의 황금빛으로 만들어지는 것이다. 홍차에는 있고 커피에는 없는 것이 테아플라빈이다. 찻잎이 물속에서 오래 머물수록 진갈색으로 변하는 것도 바로 이 성분 때문이다. 그러나 맛은 오히려 더 부드러워 질 수 있다. 기계화로 속성 제조된 홍차보다 느긋하게 제조된 수제 홍차가 더 부드러운 이유다. 이런 이유로 전문가들 사이에 녹차가 홍차보다 더 이롭다는 주장도 있다. 그러나 홍차만이 지니는 테아플라빈 성분 때문에 더 강력한 항산화 물질이 홍차에서 추출된다고 한다. 비슷한 듯하면서도 다른, 홍차와 녹차는 건강을 위한 성분에서도 소소한 차이가 있다.

카페인, 한 잎 당 2.5~5.5퍼센트 정도 차지한다. 차 속에는 알카로이드alkaloid라는 카페인 성분이 들어있다. 중추신경을 흥분시키고 진정시키는 양면 효과가 있다. 이뇨작용 및 피로 회복에 효능을 발휘한다.

성인에게 카페인 일일 권고 섭취량이 400밀리그램이다. 카페인은 체내에 흡수된 뒤 대체로 한 시간 이내에는 효과가 나타나고, 시간이 갈수록

효과는 무뎌진다. 나른할 때는 정신을 들게 하고, 긴장하거나 흥분했을 때는 안정감을 준다. 이것이 장시간 핸들을 잡아야하는 운전자나 수험생에게 커피보다 차를 권하는 이유다. 그러나 지나친 카페인 섭취는 과유불급 過猶不及이다. 흥분 작용만 상승해 오히려 해가 될 수도 있기 때문이다. 카페인이 들어간 음료들은 건강 보조 식품으로 분류해 약국이나 마트에서 판매되고 있다.

수도승들이 차를 마시는 의미는 명상과 수양을 위한 의식의 한 부분이기 때문이다. 의식을 행하다보면 정신이 맑아지고 집중력이 생기면서 피로감이 사라졌다. 이 모든 것이 카페인 효과다. 16세기 유럽에서 그 시대에 이런 성분을 알았을까 의문이 생기지만, 상류 엘리트들은 커피보다 홍차를 선호했었다. 감정을 어느 정도 절제해주는 각성 효과가 있어 환영 받았다. 여리고 어린잎일수록 카페인 함유량이 높다. 그런 차는 우리고 난 후에 찻잎을 방치하면 안 된다. 그렇다고 빨리 찻잎을 꺼내면 카페인을 완화시키는 성분이 배이지 않아 카페인 함유량만 늘어날 수 있다. 찻잎 중에 OP타입, FOP타입[20]의 차를 우릴 때는 무엇보다 적절한 타이밍이 중요한 이유다. 맛을 떠나 영양소에서도 차이가 나타나기 때문이다. 데아닌 성분은 아미노산의 일종으로 긴장과 이완을 풀어주는 안정제다. 컨디션에 따라 몸 안에서 두 가지를 적절하게 조절 해 주는 역할을 한다. 여기까지만 봐도 홍차는 신비의 명약과도 같다. 이 외에도 수많은 성분이 들어있지만 무기질은 여성들이 꼭 집고 넘어가야 할 부분이 있다. 찻잎 속에 무기질이 5~6퍼센트 정도 포함되어 있는데, 이 중 3분의 2가 뜨거운 물에서 추출된다. 무기질 속의 칼륨 성분으로 인해 멜라닌 색소를 억제해주어 피부 노화를 막아준다. 이제 우리가 홍차를 왜 마셔야 하는지 이해가 갈 것이다.

차나무도 식물이기에 알맞은 수확시기가 있다. 제철 과일이 최고이듯 제철에 잎을 따는 것이 영양상태가 좋다. 막 채엽한 잎에는 단맛이 나는데, 이는 소화효소를 돕는 아미노산이 방출되기 때문이다. 2월에 채엽해서 좋은 건 닐기리차, 3월엔 중국의 우롱차, 4월엔 다질링 차, 5월엔 아쌈차……. 제철차를 마시면 장수한다는 말이 있다. 제철에 나는 식물은 보약이다.

---

20 OP타입, FOP타입: 차나무 잎에서 위쪽에 붙은 여린 잎.

홍차에 대한
몇 가지 오해

홍차는 떫다

티백보다 잎차는 더 떫고 쓰다는 인식
이 있다. 타닌 성분 때문에 떫은 맛이
있는 건 사실이다. 전에는 차의 떫음을 완화시킨다고 레몬을 사용했다. 여
기에 몇 스푼 설탕을 가미해서 달달하고 새콤한 차로 마시곤 했던 것이다.

그러나 떫은 맛이 싫다면 우리는 방법에 따라 얼마든지 줄일 수 있다.
찻잎을 기본량만 넣고 우리는 시간을 단축하면 가능하다. 주로 품질이 낮
은 티백 같은 데 길들여졌는지는 몰라도 멀쩡한 잎사귀 차를 쓰다는 이유
만으로 격하시키고 있다. 일부 티백이나 오래된 찻잎, 혹은 관리를 잘못해
서 변질된 차로 인해 생겨난 오해다.

홍차의 색깔은 붉다

차의 색깔이 붉어서 홍차라 하지만 차
나무의 달린 잎의 순서에 따라서, 산화
제조과정에서, 또는 채엽하는 시즌에 따
라 호박색이나 진녹색, 혹은 진 밤색 내
지는 진홍색으로 컬러풀하게 표출된다.
그래서 나온 용어가 백차, 황차, 녹차, 우
롱차, 홍차, 흑차로 부르는 차 종류다.

많이 마시면 잠이 안 오고 위가 쓰리다

개개인의 체질이지만 카페인이 들어간 성분의 음료는 다 해당되니 지나치면 안 된다. 평소에 마시는 기준 양을 다운시켜 한 컵 기준해서 2~3그램 정도의 찻잎이 적당하다. 홍차는 따듯한 물질이기 때문에 지나친 양만 아니면 크게 걱정하지 않아도 좋다. 밀크 티는 오히려 위를 보호해 준다.

녹차가 홍차보다 암에 좋은 성분이 더 함유되어있다

녹차의 과대광고 탓도 작용하지만, 결론부터 말하자면 그렇지 않다. 연구가 진행 중이지만 산화율에 따라 카테킨 성분에서 차이가 있다.

몇 가지 오해에서만 벗어나도 홍차만의 무궁무진한 세계를 경험할 수 있다.

홍차로드

홍차와
건강

홍차와
성인병

현대인의 생명을 위협하는 병은 암과 고혈압, 당뇨병 같은 성인병과 치매다. 프랑스인이 동물성 지방의 섭취량이 많은데도 심근경색 질환에 의한 사망률이 낮다는 연구 결과가 있다. 이런 현상을 프렌치 패러독스French Paradox[21]라고 한다. 적포도주를 자주 마신 덕분인데, 와인 속에는 폴리페놀 물질의 플라보노이드flavonoid 성분이 들어있다.

녹차의 폴리페놀 물질은 11~15퍼센트이며 홍차는 20퍼센트 함유되어 있다. 카테킨은 폴리페놀 에 들어있는 메인 성분으로 적립선 암이나 당뇨병 발병을 예방하거나, 발병 속도를 늦춘다.

실험 결과 종양의 수와 크기가 홍차 마시기 전보다 훨씬 억제되는 것으로 나타났다. 한편 카테킨 성분으로 인해 고밀도 콜레스테롤을 높이고 저밀도 콜레스테롤과 중성지방은 낮춘다. 또한 혈소판 응집을 막아 동맥경화를 억제시킨다.

일본의 이마이Imai가 9년 동안 연구한 결과를 보면 하루에 세 잔 이하로 마시는 사람보다 열 잔 이상 마시는 사람이 평균 수명이 길었다고 한다. 차를 많이 마시는 사람은 심장 질환이나 콜레스테롤 중성 지방 수치가 낮기 때문으로 분석한다. 나이 들수록 무서워하는 병이 암보다 알츠하이머이다. 카테킨 성분이 치매로 추정되는 베타아밀로이드beta-amyloid 독성을

---

21 프렌치 패러독스: 와인과 건강을 말할 때 사용하는 콘텐츠.

억제한다는 연구 결과가 있다. 건강한 장수의 비결은 차를 마셔야겠다는
결론이다. 의사들은 하루에 5잔~7잔을 권하고 있다.

"하루에 차 한 잔을 마시면 약국에 덜 가게 될 것이다." – 중국 속담

세계인을 사로잡은
홍차 다이어트

식음료 가운데 최고의 다이어트 아이템은 무엇일까? 바로 홍차다. 다이어트가 될 수 있는 성분이 다른 식품에 비해 월등히 높기 때문이다. 우선 홍차 속에는 칼로리가 일체 없다. 제로 칼로리라는 의미다.

미국 펜실베니아 주립대 〈비만저널Journal Obesity〉 논문을 보면 똑같이 지방성 음식을 먹어도 차를 마시면 체중 증가 속도가 15퍼센트 늦어진다는 결과를 볼 수 있다. 차에 들어있는 카페인과 아미노산이 뇌를 자극하여 운동 에너지를 상승시키기 때문에 체중이 감소하는 것이다.

또한 카테킨이 지방의 분해를 돕고 배설을 촉진하는 역할을 한다. 덧붙여서 카테킨 성분이 된장에도 들어있는 폴리글루탐산polyglutamic acid과 결합해 포도당, 지방, 콜레스테롤을 감소시킨다고 한다.

카페인은 체내에 에너지 효율을 높이는 역할도 가지고 있다. 우리 인체는 에너지를 소비할 때 단백질 다음으로 지방을 소비하지만 카페인은 지방을 먼저 소비하도록 한다. 바로 이런 점 때문에 '홍차 다이어트 효과'라는 말이 생겼다.

홍차를 마신 후에 곧바로 조깅이나 산보를 하라는 것이다. 피하지방에 있는 에너지가 소비되어 살이 빠진다는 연구 결과가 있다. 카페인이 이뇨작용 뿐만 아니라, 지방을 빠르게 태워주기 때문이다.

비만의 원인 중 하나가 저 체온의 냉한증이다. 만병의 근원은 몸이 찬

데서 온다는 말이 있다. 건강한 사람의 조건이 아닌 것이다. 여름에도 손발이 차다면 위험 신호가 오고 있다는 예고다. 체온을 정상인 36.5도로 끌어 올리는 것이 우선이다. 체온이 낮으면 면역력이 떨어져 여러 가지 질병의 원인으로 작용할 수 있다. 이것을 감소시키는 게 다이어트의 출발선이다. 몸이 차면 혈액 순환이 원활하지 않아 몸속의 노폐물이 충분히 배출되지 못하게 되어 비만의 원인이 되기도 한다.

홍차는 한방에서 말하는 양성 음료로 몸을 따뜻하게 하는 작용이 강하다. 욕조에서 따뜻한 물로 반신 욕하는 것도 좋지만, 오래된 티백이나 찻잎 우린 물을 섞어 주면 체온 상승에 배가 된다.

생강과 홍차의 만남도 역시 두 배의 효과를 볼 수 있다. 생강은 몸을 데워주고, 피의 순환을 원활하게 해주는 성분이 들어있다.

"당신이 추울 때는 차가 온기를 덮여주고, 더울 때는 시원하게 해줄 것이다. 우울한 때는 힘을 북돋아주고, 기쁠 때는 더욱 즐겁게 해 줄 것이다."

— 윌리암 글래드스톤William Ewart Gladstone**22**

식후에 마시는 차도 다이어트에 도움이 된다. 카페인처럼 타닌 성분에도 지방을 분해하는 효소작용이 있다. 폴리페놀에 들어있는 카테킨, 카페인, 타닌의 삼합 파워 위력은 대단하다. 마치 다이어트를 위해 태어난 성분으로 착각이 들 정도다.

---

22 윌리암 글래드스톤: 영국 정치가. 자유당 당수를 지냈고, 수상Prime Minister 직을 네 차례 역임하였다. 윈스턴 처칠과 함께 가장 위대한 영국의 수상으로 여겨지고 있다.

비만을 줄이려면
가향차를 즐겨라

사과가 빨개질 때면 의사의 얼굴이 파래진다는 말이 있다. 특히 가을 사과에는 식이섬유 성분이 함유되어 있어, 배변 활동이 원활해지고 체내에 있는 노폐물이 제거되어 다이어트에 도움이 된다. 찻잎과 슬라이스 된 조각들이 부딪치면서 튕겨 나오는 상큼한 사과향, 가향차 플레이벌 티flavored tea를 추천한다. 신맛이 나는 초산의 작용으로 인해 내장 활동을 원활하게 해서 살을 빠지게 하는 효과가 있다. 홍차와 환상의 짝꿍인 신맛의 강자, 레몬의 효과도 마찬가지다. 새콤한 향기로

홍차를 한층 맛깔스럽게 해주는 레몬은 떫은맛이 사라지고 색감을 홍갈색에서 고운 연홍색으로 변화시키는 재주가 있다. 레몬의 유기산과 카테킨 성분이 산화되는 과정이라 그렇다. 이런 연홍색 수색은 감상하는 것만으로도 살이 빠질 듯싶다. 잠깐! 레몬을 너무 오래 담가두면 홍차의 타닌과 결합하여 떫은맛이 더해져, 자칫 본래의 맛을 해칠 염려가 있다.

특히 홍차와 딸기가 합성된 가향차는 명품 브랜드 별로 다양하게 출시되고 있다. 딸기가 가지고 있는 향의 매력과 살 빠지는 성분으로 인해 스트로베리 티는 효자 아이템 중 하나다. 식사량이 많지 않은데 체중이 늘어난다 할 때는 이뇨작용을 해주는 허브홍차를 마셔보는 것도 한 방법이다.

우리나라에도 잘 알려진 얼 그레이 홍차가 있다. 차에 베르가모트^{감귤류} 향을 입힌 가향차다. 베르가모트 속에는 지방이 쌓이는 것을 억제해주는 사포닌이 함유되어 있어 꾸준히 섭취할 경우 다이어트 효과를 기대할 수 있을 뿐만 아니라 소화촉진에도 도움이 된다.

홍차를 마시면
암 발생률이 낮아진다

차가 암 억제에 효과가 있다는 의학 연구팀의 결과가 매스컴을 통해 알려지면서, 제약업계 매출이 세 배나 뛰었다는 소문이 있었다.

비타민보다 강력한 항산화 효능으로 알려진 게 폴리페놀 물질이다. 과학 전문지 〈네이처Nature〉 발표에 의하면 폴리페놀 추출물에는 항산화 물질이 포함되어 있는데 특히 티 폴리페놀TP 중에서도 카테킨에서 유독 더 포함되어 있다고 최근의 실험 연구에서 밝혀졌다. 이것은 카테킨 속에 들어있는 40퍼센트 가량의 카테킨 유도체EGCG 화합물이 암세포를 억제해주기 때문이다. TP는 산화방지제의 삼총사로 알려진 비타민A, C, E보다 50~100배나 높은 고단위 산화방지제로 인체에 없어서는 안 되는 중요 성분이다. 매일 차를 마시는 사람이 마시지 않는 사람보다 암 발생률이 낮아지는 것도 이런 원인에서 비롯된다.

일본 사이타마 현에 있는, 암 연구소 나카지 박사의 논문에 의하면 폐암 64퍼센트 〉 대장암 52퍼센트 〉 간암 45퍼센트 〉 위암 20퍼센트 등의 순으로 억제 효과가 있었다. 그는 매일 6~7잔 정도 마실 것을 권한다.

일본의 오구니Oguni라는 사람은 조사를 통해 시즈오카 현에 사는 주민들이 다른 곳의 주민들보다 암 사망률이 전국 평균치에 비해 매우 낮다는 사실을 밝혀냈다. 그곳은 오래 전부터 다원단지가 조성되어있는 곳이다.

차가 들어간 음식을 먹인 쥐는 그렇지 않은 쥐보다 암 종양 증식이 낮아진다는 실험 결과도 있다. 홍차 〉 포도, 단감 〉 사과 〉 배 〉 순으로 카테킨 성분이 들어있다. 단감과 포도는 껍질에 22퍼센트의 카테킨 성분이 더 들어있다. 사과 6개에 들어있는 항암성분은 홍차 한 컵과 맞먹는다.

암 예방에 관해 독한 팁 하나를 추가하면, 공중파를 통해 신비의 식물로 알려진 그라비올라graviola 나무가 있다. 향이 좋은 아마존의 포도 나무과로서 열매에 고슴도치처럼 가시가 숭덩숭덩 나 있고 잎은 감나무와 비슷하다. 잎에 들어있는 피토케미칼phytochemical 성분에서 암치료용 아드레아마이신 화학요법보다 1만 배의 엄청난 효과가 있는 걸로 나타났다. 항암 치료제를 쓸 때 나타나는 여러 부작용 중 머리카락이 빠진다거나, 어지럼증이나 구토 증세 같은 부작용도 줄여준다는 연구 결과다.

미국 국립 암 연구소 산하 퍼듀대학 연구 팀에 의하면 그라비올라 잎 추출물의 아노나세오스 아세토제닌annonaceous acetogenins이 악성 세포를 죽일 수 있다는 것을 확인했다. 췌장암과 전립선암, 유방암에 특히 효과적이라고 한다. 게다가 일반 세포에는 작용하지 않고 오로지 암세포에만 침투하는 물질이다.

아주 반가운 사실은 홍차에 함유된 항암 물질, 폴리페놀 성분이 그라비올라에도 들어있다는 것이다. 우리는 방법도 심플하다. 물 1리터에 잎사귀 네 장과 홍차 5그램을 넣고 약 한 시간 정도 중불에 달인 다음, 물 마시듯 복용하면 된다.

천연 항암제의 투원 강력주자, 그라비올라와 홍차가 만났으니 효과 또한 강력하다. 역시 차나무는 암치료에 성약聖藥이라고 할 수 있다. 평생에 친구 하나 얻었다 셈치고 홍차와 친하게 지내보자.

차의 효능과 차의 등급은 비례하지 않는다. 높은 등급의 차도 좋지만 자주 마시는 게 건강에는 더 효과적이다.

홍차는 탄수화물 중독을 예방한다

탄수화물은 우리 몸에서 없어서는 안 되는 3대 필수 영양소 중 하나다. 신체 활동에 에너지를 돋운다. 쌀밥, 고구마, 밀가루, 떡, 초콜릿, 과자, 설탕 같은 입에 당기는 당류에 들어있는 요소다.

그런데 먹고 살기가 힘들 때는 그런 소리가 없다가 근래에 들어가지고 탄수화물 중독이 알코올 중독보다 더 위험하다는 말이 들린다. 하루 섭취량을 초과한 탄수화물 칼로리 과다 섭취다. 아침을 푸짐히 먹었는데도 허기가 진다. 단맛이 나는 후식이 당긴다. 스트레스를 받으면 탄수화물이 들어있는 음식이 먹고 싶어진다……. 이와 같은 이상의 증세가 나타나면 이미 중독에 해당된다고 본다. 이것은 곧 비만으로 이어지는 지름길이기도 하다.

스트레스를 받으면 몸속의 아드레날린이 분비되어서 근육이 긴장되고 활성산소가 발생하는데 차안에 들어있는 카테킨 물질이 활성산소를 제거하는 작용을 해준다. 카테킨 속 테아플라빈 성분은 비만의 원인인 당을 내려주는 물질로 녹차보다 250배 강한 효력을 가지고 있다. 찻잎 속에는 무기질인 비타민 C가 2.5~5.7밀리그램이 들어있다. 단백질과 결합해 2, 3년 동안 파괴되지 않고 유지된다. 비타민 C는 카테킨처럼 비만의 원인인 과산화지질불포화지방산의 생성을 늦추어주는 역할을 한다.

홍차는
만병통치약인가!

급변하는 생활 속에서 웰빙 차를 찾는 젊은 층이 늘고 있다. 홍차가 좋아서 마시는 것도 있지만, 바쁜 일정을 소화하면서 이왕이면 건강까지 챙기는 마음에서이다. 홍차가 허한 마음까지 위로해준다면 금상첨화錦上添花가 아닐까.

홍차 속에는 홍차만의 독보적인 아우라 성분이 무척이나 많다. 잘 알려진 암 세포를 억제하는 성분 말고도 노화를 늦추어주고 뇌졸중, 심장 질환을 억제해주는 기능까지 갖추고 있다. 항바이러스에 대항하며 장속에 나쁜 균을 막아 변비나 설사에도 도움이 된다. '홍차 다이어트 효과'처럼 콜레스테롤 수치를 떨어뜨리고, 90퍼센트의 수분은 신진대사를 도와 체중 줄이는데 일조한다. 불소 성분도 들어있어 충치에 좋다.

5대 영양소의 하나인 미네랄 외에 나트륨 같은 필수 영양소가 들어있다는 건 홍차가 명약임에는 틀림없다. 이것이 부족하면 각종 결핍증을 유

발하기 때문이다.

모든 식품은 각각의 개성과 효능을 가지고 태어났다. 차는 차만의 만병 통치 같은 효능이 있다. 과학적으로 100퍼센트 검증된 것은 아니지만, 그렇다고 부정적인 효과도 나타나지 않았다. 중요한 것은 인류의 역사 가운데 수천 년을 내려오면서 식용이나 약용으로 마셔왔다는 것이다. 유해한 식품이었다면 이미 인류에서 도태되었을 것이다. 한방에서 나타나는 약의 효과가 과학적으로 입증이 되서 사람들이 인정 해주는 것만은 아니다.

식품에는 임상을 통하지 않고 검증되지 않은 성분들이 임상된 부분보다 너무도 많다. 누군가에게 해가 되는 것이 누군가에게는 득이 된다. 그러나 홍차만은 항간에 그런 소문이 돌아다니지 않는다.

"차는 영혼을 안정시키고 마음의 조화를 이루며, 나른함을 쫓고 피로감을 줄이며, 생각을 일깨우고 졸음을 없애며, 몸을 가뿐하고 상쾌하게 해주며, 지각 능력을 일깨워 준다." – 공자

홍차
우리기는

과학이다

무궁무진한
차의 종류

클래식 차

애호가들끼리 푸념처럼 늘어놓는 말이 있다. '아무리 배워도 차의 종류가 끝이 없다'는 것이다. 커피의 원두는 내리면 되고, 인스턴트커피는 따뜻한 물만 있으면 된다.

그러나 홍차의 종류는 와인에 견줄 만큼 단지 산지, 시즌, 가공법에 따라 수많은 차들이 양산된다. 여기서 구분되는 것은 가공법에 따라 비산화 차인가, 산화차인가 하는 점이다. 다시 여기서 산화의 수치가 얼마나 되는지 구분해야 한다. 또, 산지나 시즌에 따라서도 갈린다. 그만큼 테루아가 중요한 부분을 차지한다.

복잡해 보이는 차의 세계, 그러나 간단하다. 종류가 아무리 많아도 모든 차는 완전 산화된 홍차Black tea, Red tea와 산화가 덜 된 녹차Green tea 종류다.

클래식 차외에 살짝 변형시킨 차가 있다. 지역의 찻잎과 찻잎이 혼합된 블렌딩 차와 가지각색의 향을 가미시킨 가향차다. 또한 찻잎만 넣은 스트레이트 티와 밀크가 들어간 밀크 티가 있다. 어떤 방식의 차를 만들어도 산화 차 홍차는 빠지지 않는다. 비 산화 녹차는 이 대목에서는 빠져야한다. 녹차로는 이렇게 다양한 차를 만들어 낼 수가 없다.

차나무는 실화상봉수實花相逢樹다. 모든 식물은 꽃이 피면 그 해에 씨앗이나 열매가 맺는다. 그러나 차나무는 생태가 독특하여 9~10월에 꽃이

피고 열매가 되서 1년 동안 그 자리에 매달려있다. 가지에서 기다리고 있다가 다시 또 새롭게 피는 꽃과 만난다. 꽃과 열매가 마주한다고 해서 별칭으로 붙여진 이름이다. 1년 전 핀 꽃이 열매가 되어 1년 후의 꽃을 맞는 것이 조상이 후손을 다정하게 맞는다하여 차나무를 화목의 나무라고도 한다. 차나무는 일창이기一槍二旗다. 차나무 가지에서 세 장의 잎이 새 순에서 올라와 한 몸을 이루고 있다. 다시 말해, 한 자루의 창가지에 두 개의 깃발잎을 매달은 형상이다.

일반 나무와는 근본부터 다르다. 차라고 하면 거의 홍차를 말하지만, 그렇다고 홍차나무 녹차나무가 다른 게 아니다. 아쌈 산産으로 잎이 큰 대엽종이냐, 중국산으로 잎이 작은 소엽종이냐는 학명유전자 이름이 분류해 준다.

그러니까 전 세계에서 생산되는 모든 차는 이름이 어떻든 본질은 아쌈 종자와 중국 종자뿐이다.

차의 학명

① **카멜리아 시넨시스 아사미카** *Camellia var sinensis assamica* 아쌈 대엽종으로 아쌈과 동남아시아 지방에 거의 분포되어있다. 인도 남부 지방 닐기리, 스리랑카 실론, 아프리카 및 터어키.

② **카멜리아 시넨시스** *Camellia sinensis, var sinensis* 중국 소엽종으로 중국 윈난성과 다질링, 일본, 한국의 보성과 강진.

③ **카멜리아 시넨시스 캄보디에니스** *Camellia var sinensis cambodiensis* 잡종, 교배종, 아쌈잡종이 있다. 다질링과 중국.

티 블렌딩

홍차를 처음 접하는 사람들은 홍차에서 피어오르는 재스민, 장미, 초콜릿 시나몬 같은 향기롭고 달콤한 향의 유혹이나 발렌타인 티, 아이리시 몰트, 마르코 폴로 또는 얼 그레이 프렌치 블루 같은 이국적인 이름에 끌려 홍차를 마시기 시작하는 경우가 있다. 이런 측면에서 본다면 가향차의 공이 크다.

홍차 초보자들이 막연히 가질 법한 떫은맛에 대한 편견을 없애고 향기롭고 이국적인 맛으로 홍차를 가까이하게 되니 말이다. 찻잎에 꽃이나 과일 혹은 향료를 첨가해서 완전히 다른 영역으로 변신한 차가 가향차다. 가향차이면서 클래식 차로 인정받는 것이 연륜이 있는 재스민 차와 얼 그레이 차다.

갈수록 차의 영역은 넓어지고 세분화되어간다. 전에는 홍차와 녹차 두 가지면 충분했는데 어느 날인가 부터는 산화에 따른 여러 종류의 이름으로 약간 혼동이 오기 시작했다. 이젠 용어도 독특한 티 블렌딩Tea Blending을 새겨둬야 할 차례다. 두 종류 이상의 찻잎이나 때론 다국적 차를 모아 만든 차의 명칭이다. 그런데 점점 티 블렌딩과 가향 차의 기준이 모호해지고 있다. 다양한 향과 여러 스트레이트 티가 합쳐진 콜라주 형식들이 출시되고 또 반응도 좋은 편이다.

맛이나 향에서도 클래식 차랑은 확실한 차이가 있다. 대체로 아쌈 티는 진하지만 단순하면서도 빈티지한 향취가 스며있다. 다질링 티는 진하지는 않지만 럭셔리한 향이 배어있다. 자연 그대로 맛과 향이 배어있는 차만 접하다가 티 블렌딩이라는 다소 복잡한 차를 접하다보니 생각 외로 신선함, 그 자체다. 여지껏 왜 몰랐을까 할 정도로 아쉬움이 남는 맛이다.

홍차로드

그렇다면 가향차의 맛은 어떨까? 생산자들이 저마다의 비법을 통해 가향처리를 한다. 거기다 내로라하는 향들의 잔치니 맛보다는 향에서 승부를 내야 할 것이다. 향을 마시는 색색의 가향 차는 바라보는 것만으로도 마음을 안정시킨다.

차라는 것이 나라나 지역마다 사시사철 재배될 수가 없다. 제철에 나온 차들을 미리 구입해 놓았다가 적절할 때 사용할 수가 있다. 이때 여러 종류의 찻잎을 혼합하게 된다. 이 과정에서 블래너들의 고난도 감각으로 티 블렌딩이 탄생되는 것이다. 이는 미각이 뛰어난 전문가만이 할 수 있는 노하우다. 클래식 차에서는 느낄 수 없는 또 다른 매력으로 우리 앞에 다가온다. 이런 방식의 패키지 제품은 200여 년 전에 만들어진 얼 그레이 차를 필두로 포트넘이나 헤러즈, 트와이닝, 마리아주 프레르 상품 외에도 유명 브랜드들이 꽤 있다. 왜 명품인가. 단순히 향, 맛, 색이라는 3종 세트의 조합을 떠나, 건강에 좋은 재료들과 잘 합치기 때문이다. 차를 위한 블래너들의 아이디어 전쟁은 불꽃 튀는 접전이다. 갈수록 새로운 것을 찾아가는 신세대 층을 잡아야 하기 때문이다. 일취월장日就月將하는 블래너들의 모습에 이래저래 고객들의 입맛만 신났다.

잎을 알아야
차 맛이 산다

차라는 이름은 어디서 나왔을까

차茶! 단 한 글자이지만 이 속에는 나라의 전통, 역사, 문화, 그리고 에너지가 살아 숨쉬고 있다. 차는 아주 오랜 옛날부터 인류와 고락을 나누면서 지내왔지만, 지금의 차라는 이름으로 정착이 되기까지는 불과 몇 백 년에 불과하다. 중국 광동어廣東語의 'CH'A, 차'와 복건성푸젠어, 福建城어의 'TAY 또는 TE, 테'에서 출발한다. 광동어의 CH'A는 일본에서 포르투갈을 거쳐 인도로 건너갔다. 동쪽에서 서쪽으로 갔다가 다시 동쪽으로 되돌아 온 셈이다. 당시 세계로 뻗어나간 항해 개척사를 말해주고 있다.

다시 페르시아로 건너가서 차CHA, 러시아의 차이CHAI, 스페인어 테 TEO, 터키의 차이CHAY로 진화되어 왔다. 타이TAY나 테TE는 나라마다 언어가 다른데, 네덜란드의 테THEE, 독일의 테TEE, 영어의 티TEA, 프랑스어 태 thé로 불린다.

일본의 전문가 하시모토 미노루에 의하면 차라는 언어의 전파는 크게 해상 로와 육로로 구별된다고 한다. 광동어계는 육로를 통해 러시아, 중국, 일본, 몽고를 거쳐 서남아시아 지역인 인도와 동쪽으로 유입되었다. 포르투갈은 육로는 아니지만 광동성에 있는 마카오를 통치하면서 차를 들여왔기 때문에 광동어 계보에 속한다. 한국에서 다도, 혹은 차라고 부르는 것도 이쪽 계보다.

이에 반해, 복건성어 계보로는 아이러니하게도 항해로 무역을 시작한 네덜란드가 출발점이라는 점이다. 유럽에서는 영국의 티, 포르투갈의 차를 제외하면 대부분 테THEE라고 발음한다. 이것은 네덜란드가 유럽에 차를 처음 소개한 나라라는 사실과 관계가 있다. 홉슨 존슨Hobson Jobson 영인구어 사전

후발주자인 영국인들이 부르는 티의 일반 명사는 처음에는 복건성어인 테TAY, TE였다. 그 후 티TEA로 정착되어 오늘날까지 차하면 티TEA로 부르게 된 것이다. 이때가 영국 상인들이 복건성에다 무역을 개방했던 1644년 즈음이다.

1657년은 런던 커피하우스Garraway's coffee house에서 처음으로 네덜란드에서 수입한 차를 판매했던 해이다. 그러니까 차가 유럽인들에게 알려진 시기는 티라는 이름이 세상에 나온 지 불과 10여 년밖에 지나지 않았다는 사실이다.

다양한 잎의 등급

차는 커피처럼 품질로 등급을 매기지 않고 잎의 상태, 크기와 종류, 품질의 완성도에 따라 등급 표시가 매겨진다. 일종에 성적 증명서다. 성적표(!)를 보면 어느 분야가 우수하고 어느 분야에선 뒤떨어지는지 찻잎의 성격을 어느 정도 파악할 수 가 있다. 차를 우릴 때 잎에 따라 맛이 다른 이유는 찻잎의 성격 차이 때문이다.

또 품질과 등급이 높다 낮다 해서 맛은 달라질지 모르나 반드시 맛이 떨어지는 것

은 아니다. 등급마다 차이가 있을 뿐이다.

통 잎op, 온 잎 티, 부서진 잎broken, 분말 잎fannings은 기본으로 분류되는 크기다.

또 시즌차라고 첫 물차1st flush, 두 물차2nd flush에서도 등급이 붙는다. 품질과 퀄리티

시즌은 비례한다. 즉 시즌에 따라 품질도 달라진다.

차나무 잎 등급 표시

잎차	FOP	끄트머리에 있는 채 자라지 않은 새싹 잎. 특유의 꽃향 때문에 플라워라고 부른다. 길이는 10~15mm, 팁 Tip을 많이 함유. 수색은 황금과 실버의 컬러. 최고급 홍차. 아쌈과 다즐링티에 주로 사용.
	OP	첫 번째 어린잎. 가늘고 꼬임이 있는 큰 잎. 팁10mm을 많이 함유. 수색은 밝다. 인도산 홍차에 많다.
	P	OP다음의 두 번째 잎으로 길고 OP보다 잎이 약간 두껍다. 5~7mm정도. 수색은 진하고 깊다. 맛은 강하고 자극이 있다.
	PS	세 번째 잎. P보다 잎이 더 두껍고 등급이 떨어짐. 연황색 수색.
잎차	S	네 번째 잎으로 두껍고 둥글다. 어원은 중국어로 '소종 小種'을 표시. 수색은 약간 엷고 맛은 자극적이다.
분쇄차	BOP	OP를 2~3 mm 컷팅하여 모은 것. 팁을 많이 함유. 수색은 오렌지계열의 붉은 색으로 투명감이 좋다. 부드러운 맛과 감칠맛이 특징.
	BOPF	브로큰 오렌지 페코보다 작아 1mm 정도의 크기. 수색과 맛이 진하고 강하다. 밀크티용으로 많이 사용된다.
	F	브로큰 오렌지 페코를 채쳐서 분류할 때 아래로 떨어지는 작은 잎. 수색은 짙고 어둡다. 맛은 무겁고 떫은 맛이 난다.
	D	가루형태로 탕색이 검고 탁하다. 떫은 맛이 강하고 무겁다. 밀크티, 티백용으로 사용한다.

분쇄차	GOF	페닝Fanning은 브로큰broken보다 더 부서진 아주 작은 잎.
CTC	CTC	찻잎등급이 아니라 CTC 제다법으로 붙여진 이름. 과립상으로 만들어진다. 인도 아쌈, 케냐 티에 많다.

몇 번째 잎사귀냐에 따라 등급이 내려가고 품질도 다소 떨어지는 경향이 있다.

정통 제다 법 *Orthodox*

잎의 표시는 FOP를 기본으로 Golden 표시와 함께 기호가 하나씩 늘어난다.

FOP → GFOP^{Golden flowery orange pekoe} → TGFOP^{Tippy golden flowery orange pekoe} → FTGFOP^{Finest tippy golden flowery orange pekoe} → SFTGFOP^{Super Finest tippy golden flowery orange pekoe}.GBOP, GBOP, FBOP, BOPE, O/D/OCD.

입자의 크기별로 본 기호GOF^{Golden orange fanning} 브로큰broken보다 더 부서진 아주 작은 잎.

D^{Dust} 분말파우더에 가까운 잎. 품질과는 별도로 많이 부서질수록 가격은 내려간

CTC 차종류

다. 대량 생산이 가능하기 때문이다. B^{Broken} 부서지다.

더스트^{Dust} 〈 페닝^{Fanning} 〈 브로큰^{broken}

굵은 입자에서 가는 입자^{Dust}로 되어가는 과정의 기호, 즉 브로큰^{Broken}은 부서

진 잎의 기호를 말한다. 통잎, 온잎^{whole leaf} 과는 차이가 있다.

GFBOP^{Golden Flowery broken orange pekoe} ⟶ FBOP^{Flowery broken orange}

^{pekoe} ⟶ BOP^{Broken orange pekoe}. ⟶ PF^{Pekoe flowery} ⟶ PD^{Pekoe dust}, D^{Dust},

CD^{Crush dust}, DUS-1, CD-1, BP^{Broken pekoe}-1.

Broken tea 등급: OP. BOP, BOPF−1, BOPF−2. 주로 CTC 아쌈 차에

적용된다.

특히 다질링 티는 등급에 따라 암호가 바코드라도 된 듯 복잡하고 긴

기호들이 등장한다. 등급 표시는 해마다 기호 알파벳이 하나씩 더 붙어

져 출시된다. 알파벳이 많을수록 최근에 나온 신제품이라고 생각하면 된

다. 그러나 이것은 갈수록 최고를 요구하는 고객의 취향에 맞춘 마케팅

전략이다. 현재까지 아홉 개로 늘어났다. 내년의 제품은 몇 개가 붙어서

출시될지 궁금하다.

오래된 잎은 맛이 없을까? 기본적으로 차의 사용기한을 3년으로 본다.

그러나 3년 미만인 차도 보관 상태나 관리에 따라 품질이 변할 수가 있다.

틴박스을 오픈했으면 공기가 안 통하는 뚜껑이 단단한 유리병에 옮기든가 틴만이라도 선선한 곳에 두어야한다.

차 만드는 게 궁금해

차나무의 찻잎을 따서 말린다고 차가 되는 게 아니다. 수확한 찻잎은 일단 생명력을 잃게 된다. 그러다 차로 태어날 때 다시 생명력을 얻게 된다. 시들고 되살아나기를 수없이 반복해야 비로소 차라는 명찰이 붙여진다. 이것이 바로 채엽에서 위조, 유념, 산화의 과정이다. 이런 리빙 차가 되게 하려면 정해진 원리를 이용해 인위적인 제조 과정을 거쳐야한다. 우선 70~80퍼센트의 수분함량을 5~6퍼센트 정도만 남겨둬야 한다.

녹차와 홍차의 차이는 찻잎이 변화되는 과정에서 살청과 유념, 산화의 가공 순서가 다르다. 차의 마지막 단계이자 최고의 수준은 어느 정도 산화가 됐냐는 것이다. 산화란 미생물 첨가 없이 찻잎에 들어있는 효소 '폴리페놀 옥시다아제'에 의해 차의 색깔이 변하는 것을 말한다. 적당한 온도와 습도에서 찻잎의 산화효소가 폴리페놀로 생성되는 과정이다. 즉 녹색의 테아루비긴thearubigins이 황색의 테아플라빈theaflavins으로 변화하는 것을 말한다.

산화발효가 없으면 차가 아니다. 그런 잎은 낙엽에 불과하다. 산화는 차에서는 완성도이자 화룡점정畵龍點睛이다.

굳이 비유를 하자면, 바다에서 나는 명태가 건조과정에서 코다리〈 황태 〈 북어가 되는 격이다. 이것은 바닷바람과 햇볕, 토양에 따라 맛에서 차이를 보인다. 차도 마찬가지다.

홍차로드

녹차: 채엽찻잎따기 → 살청산화진행금지 → 유념비비기 → 건조

홍차: 채엽 → 위조시들게하기 → 유념 → 산화발효 → 건조 → 분류

차의 분류를 여섯 가지로 구분하는 이유는 산화효소의 차이 때문이다. 즉 제조 과정에서 화학 물질에 따라 녹차 〈 우롱차청차, 백차, 황차 〈 홍차 〈 보이차흑차. 이렇게 다른 결과가 나타나게 된다.

약 산화 〈 중 산화 〈 완전 산화. 녹차는 25퍼센트 정도의 저 산화지만 홍차는 90퍼센트 이상이 산화된 완 산화다. 녹색의 잎이 발효과정을 통해서 시커면 찻잎으로 재탄생되는 것이다. 산화 농도가 높을수록 외관상으로는 먹물을 뒤집어 쓴 것처럼 보인다. 이처럼 찻잎의 색감은 산화에 의해 결정된다.

산화Oxidation냐, 발효Fermentation냐, 전문가들 사이에 의견이 분분하다. 왜냐하면 산화가 이루어지면서 발효가 되는 홍차만의 특별한 화학 작용을 가지고 있기 때문이다. 후 발효차인 보이차흑차는 공장에서 나올 때는 완전 산화차였다. 그러나 시간이 갈수록 미생물이 첨가되면서 완전 발효인 100퍼센트가 된 특수한 경우다. 홍차는 산화차이지만 보이차는 산화가 된 뒤에 다시 발효가 됐기 때문에 발효차라고해야 한다.

이렇게 복잡하고 디테일한 단계를 거쳐야하는 제다 법은 홍차의 위상이 커질수록 사람의 손으로 해결하기에는 한계가 있다. 다원이 늘어날수

록 생산량도 커지기 때문에 기계가 사람의 일을 대신해야만 했다. 기계가 도입돼도 기존의 제다법은 바뀌지 않았다. 1871년에 브리타니아^{영국}산 롤링 기계가 도입되기 시작해 1913년에는 8천 대로 늘어났다. 이것은 160만 명의 일꾼들 몫을 대신할 수 있는 숫자다. 제다를 위한 기계도 갈수록 변화를 거듭한다. 레그 커트^{Leg-cut}, 로터반^{rotervane}, CTC 세 가지 방식이 있는데 요즘 사용하는 것은 로터반과 CTC 기계다.

로터반 방식은 위조가 끝난 찻잎을 기계에 넣어 분쇄하면서 동시에 모양이 형성되는 걸 말한다. 이 기계는 보통 두세 대를 이어서 사용하는데, 대량 생산과 짧은 시간에 완성된다는 장점이 있다. 홍차의 절반 이상은 로터반 방식이다. 현재는 가장 일반화된 제다법이 되었는데 CTC 공법은 이보다 한 단계 진보한 방식이다.

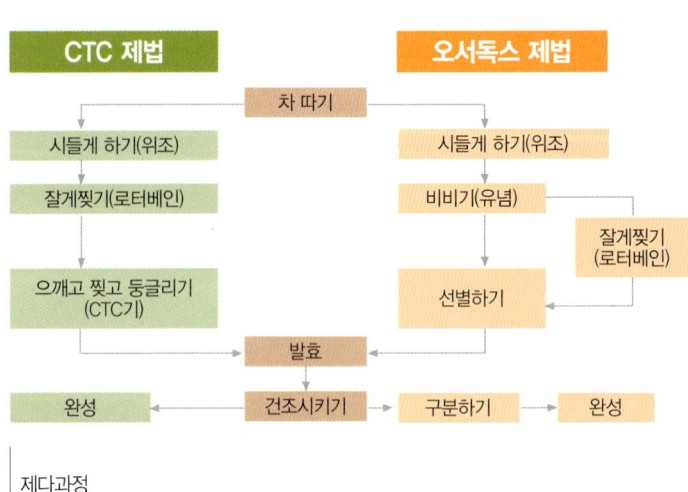

제다과정

차 우리기의
원리

홍차는 잎이 마른 산화차다. 다른 차와 달리 끓여서만 되는 게 아니다. 그래서 차를 달이 듯 우린다는 표현을 쓴다. 어떻게, 어느 정도 우리냐에 따라 맛의 강약이 달라질 수 있다. 다시 한 번 말하지만, 홍차는 테루아나 가공법에 따라 품종이 다르기 때문에 우리는 것에 관해서도 원리는 있되, 확고한 원칙은 없다.

우리기는 여러 가지가 있지만 기본이 되는 황금 비율Golden rules이 있다.

1안 빅토리아 시대 요리 연구가 이사벨라 메리 버튼이 내 놓은 '5가지 골든 룰5 Golden rules brewing good tea'이 있다. 이것은 지금도 레시피의 정석으로 통한다.

1 **품질 좋은 홍차** : 차의 맛과 수색에서 차이가 난다.

2 **신선한 물**: 필터링이 잘 된 물.

3 **티 포트와 찻잔 예열** : 예열을 한 것과 하지 안한 것은 맛에서 차이가 난다.

4 **홍차의 양은 정확히**: 지나친 양
   은 떫거나 쓴맛이 난다.

5 **우리는 시간 지키기**: 시간에 따
   라 떫은맛이나 깊은 맛이 난다. 모
   래시계나 타이머를 사용. 수색을

보면 적당한 시간을 알 수 있다.

2안 영국의 소설가 조지 오웰^{George Orwell}은 홍차 마니아였다. 1946년 이 브닝 선데이 지에 〈홍차를 맛있게 우리는 방법^{Golden rules by George Orwell}〉 에 관해 기고한 적이 있을 정도다.

1 잎은 인도나 실론의 차를 사용한다.

2 티 포트의 제품은 도자기가 좋다.

3 티 포트를 미리 예열해둔다.

4 뜨거운 물1ℓ에 찻잎은 티 스푼으로 여섯 스푼이다.

5 티백에 들어있지 않은 찻잎이다.(일반 찻잎을 사용)

6 물이 끓으면 속히 사용하도록 티 포트 가까이 둔다.

7 찻잎을 티 포트에서 우릴 때 몇 번 휘저어서 놓는다.

8 머그컵을 사용 할 것.

9 사용할 밀크는 지방분이 적은 것을 사용한다.

10 홍차를 먼저 컵에 따른 후 밀크를 넣는다. 선 홍차, 후 밀크.

11 설탕을 넣으면 맛이 변한다.

반세기가 지났어도 지금의 룰과 크게 다르지 않다. 흥미로운 조항은 다 기 컵을 강조한 것과 설탕의 사용을 꺼렸던 것 같다.

3안 조지 오웰의 홍차 레시피를 계기로 세계적으로 권위 있는 화학 연구 단체인 '영국왕립화학협회'에서도 홍차 레시피를 내 놓았다.

재료: 아쌈의 홀잎(통잎), 물은 경수 아닌 연수, 밀크는 저지방우유, 흰 설탕.

도구: 주전자(물 끓이는 포트), 도자기 포트(우리는), 머그 컵, 거름망(스트레이너), 티 스푼.

레시피

1 주전자에 연수를 붓고 불에 올린다. 시간과 물, 화력을 지나치지 않게 적당히 끓인다.

2 물이 끓어 기다리는 동안 4분의 1컵의 물을 도자기 포트(티 포트)에 넣고 오븐에서 1분간 가열하여 예열해둔다.

3 주전자의 물이 끓음과 동시에 예열해 두었던 티 포트의 물을 버린다.

4 한 잔에 한 티 스푼의 비율로 찻잎을 포트에 넣는다.

5 주전자를 포트 가까이에 대고 찻잎이 들어있는 티 포트에 신속하게 붓는다.

6 3분간 우린다.

7 컵은 도자기 머그잔이 좋다.

8 우린 차보다 우유를 컵에 먼저 넣는다. 선 밀크, 후 홍차.

9 설탕은 기호에 따라 넣는다.

10 마시기 좋은 온도는 60~65도다. 뜨거우면 마시는 소리가 나서 품위가 떨어

진다.

조지 오웰의 레시피와 크게 차이가 없는데, 오웰과는 반대로 우유를 나중에 넣는다는 것 정도가 다르다. 여기서 주목할 점은 모두 대엽종^{아쌈종} 찻잎을 사용해야 한다는 것이다.

4안 일반적 룰

1 먼저 팔팔 끓인 물을 티 포트, 찻잔 순으로 예열한다.

2 주전자 물이 끓는 동안 예열된 티 포트에 담긴 물을 고르게 돌린 후 물을 따라 버린다.

3 티 포트에 용량을 고려하여 찻잎을 티 포트에 넣는다.

4 잘 끓여진 물을 티 포트에 곧바로 부은 후 티 코지를 씌워 보온을 하면서 차를 우린다.

5 적당한 시간(3~5분 정도)이 지난 후 티 코지를 벗기고 티 포트의 물을 스트레이너를 사용하여 찌꺼기를 걸러내면서 찻잔에다 서서히 따른다.

6 차를 따를 때 한 번에 채우지 말고 조금씩 여러 번 나누어서 담는다. 차가 식지 않기 위해서다.

차를 마실 때 티 테이블 위에 찻잔만 덩그러니 놓여있으면 너무 단조롭다. 비스킷이나 초콜릿, 빵을 곁들인 스낵은 영국의 애프터눈 티타임 때부

홍차로드

터 내려오는 차 문화다.

5안 클래식 레시피

1 물을 끓이면서 다구가 제대로 준비되어 있는지 점검한다.

2 마실 사람의 수를 생각하여 주전자를 준비하고 물은 100도 이상으로 끓이되 3분을 넘지 않도록 한다.

3 티 포트, 찻잔을 예열을 해야 하니까 끓인 물 일부를 붓는다.

4 예열된 티 포트에 차를 넣는다. 차의 양은 티 포트의 약 5분의 1 정도 되도록 한다. 부드러운 맛은 차의 양을 적게, 진한 맛을 즐기려면 좀 더 많이 넣으면 된다.

5 물의 온도가 80~90도 정도로 내려갔으면 찻잎이 들어있는 티 포트에 붓는다. 이때 적당한 양의 물을 부어야 한다. 즉 세 사람이면 석 잔 정도의 물이 적당하다. 너무 많이 부으면 우리는 차의 맛이 또 바뀐다.

6 티 포트에 물을 부었으면 차가 우러나기까지 잠깐 기다려야 한다. 물의 온도가 90도면 3분 정도, 80도 안팎이면 4분쯤 우리면 충분하다.

7 차가 잘 우러났다고 생각되면 찻잔에 나누어 따른다. 차를 따르는 순간에도 차의 성분은 자꾸 짙어질 수 있기 때문에 향, 맛, 색의 3종 세트를 모두 즐기려면 차를 따를 때 한 번에 채우지 말고 잔을 옮겨가며 조금씩 나누어 따른다. 이는 티 테이블에서는 모두가 평등하다는 뜻이기도 하다.

8 찻잔을 받침 위에 얹어 놓는다. 이때 찻잔 받침이 자기류라면 아무리 조심해도 소리가 난다. 그래서 나무 받침을 쓰는 것이 좋다.

다소 고전적인 레시피지만 영국 귀족들의 우아한 티 테이블을 떠올려봄직도 하다.

한 가지 더 추가하자면, 보관이 중요하다. 자칫 소홀이 다루다 3종 세트 맛, 향, 색가 변할 수 있기 때문이다. 사용한 다음엔 공기가 통하지 않는 마개와 유리병에 담아야한다.

이상의 룰만 잘 지켜도 홍차의 맛이 이상해 라고 느낄 정도의 사건은 안 일어날 것이다. 다시 강조하는데, 레시피에는 정석이 없다. 황금 비율은 내 자신이 만드는 것이다. 아무리 좋은 레시피가 있어도 누구나 자기가 선호하는 맛의 취향이 있다. 어느 정도 숙련이 되었으면 그런 다음엔 정성이 따라줘야 한다.

자, 여러분은 어떤 안을 선택하시겠습니까!

맛있는 차,
이렇게 우린다

차를 우리는 데도 규칙이 있다. 합리적 비율이란 규칙에 따라 조리하는 것이다.

차를 우려내는 방법 찻잎에 끓인 물 붓기로, 브루잉 메소드^{brewing method}라고 한다. 일반적인 차와 티백이 여기에 해당된다.

차를 끓이는 방법 물속에 찻잎을 넣고 같이 끓이기로, 보일링 메소드 boiling method라고 한다. 산화가 강하게 된 차나 전통식 밀크 티^{로얄 블렌드}가 해당된다.

　일반적 비율 차와 물과 시간은 2 대 4 대 3(2g : 400L : 3분)[9]비율이 무난하다. 초보자는 1대 4대 3으로 약하게 출발하는 것이 좋다. 처음에는 찻잎은 적게 해서 시간을 재 보도록 한다. 스피드에 앞서는 전기 포트는 끓어도 100도에 못 미칠 때가 있으니까 몇 분 더 끓게 버튼을 한 번 더 누른다. 물을 100도 이상 3분 정도 끓이지 않으면 간혹 물비린내가 남아있다.

　1800년대 영국에서는 3대 4대 5의 비율이었다고 한다. 고가품이었을 텐데 찻잎을 상당량 사용했던 것 같다. 근래에 들어서는 웰빙 홍차가 되면서 약하게, 자주 마시자는 분위기가 형성되고 있다.

　오븐용 주전자는 용량이 큰 것을 장만하고 티 잔이나 티 포트는 뚜껑을 덮고 예열 해 놓을 것. 이상의 규칙은 점핑^{넘치는} 폭율이 높으면 차 맛이 부

---

9 2대 4대 3: 『나는 왜 홍차에 열광하는가』에서 발췌.

홍차로드

드러워지기 때문에 그렇다. 티가 우러나는 생동감은 투명한 유리포트가 좋지만 조심스럽게 다루어야한다. 파이렉스나 두꺼운 유리라도 불 위에서는 안전 할 수가 없다.

산화율에 따라 우리기 녹차, 백차, 황차는 3분~5분 동안 끓인 물을 70~90도에서 3분 정도 우린 후에 마신다. 청차, 홍차, 흑차는 찻잎을 물에 넣은 후 2~3분 정도 끓인 후에 마신다. 산화율이 높을수록 우리기보다는 물과 함께 끓이는 것을 강조한다.

가향차 우리기 전에는 홍차의 떫은맛 때문에 레몬이 등장했다. 요즘은 가향차 트렌드의 영향으로 마음에 드는 향과 건강에 좋은 재료들은 다 넣고 마시자는 견해다. 스트레이트 차보다 우리는 시간을 1~2분 정도 줄여야한다. 그렇지 않으면 향이 흐트러질 염려가 있다. 몇 번 거듭하다보면 어느 순간 향기도 좋고 단맛이 우러나오는 찰나를 재빠르게 포착 할 수가 있다. 이 정도면 선수로 진입했다고 봐도 된다.

혀에 닿은 첫 맛은 쓰고 이뿌리에 남는 뒷맛은 달다. 조상들은 오래 전부터 차의 이런 맛을 감지했던 것이다.

떫은맛이 지나치다 싶은 것은 품질이 떨어진 홍차를 골랐거나, 너무 오래 우려내서 그런 것이다. 우려내는 시간 5분이 경과하면 레드카드를 꺼내들어야 할 것이다. 티백은 1~2분 잠기게 한 후에 살랑살랑 두어 번 정도 흔들어 준 후 건져내야 한다. 그렇지 않으면 수색이 짙어질 뿐만 아니라 맛도 떫어진다. 간혹 티백을 다른 잔에 옮겨서 한 번 더 우리려는 사람이 있는데 이 또한 좋지 않다.

오래된 찻잎은 가향차에 섞거나 계피나 생강을 첨가해 사용하면 의외로 새로운 맛을 느낄 수 있다.

또한 초보자를 비롯해서 누구나 지켜야 할 기본 수칙은 '찻잔은 반드시 예열하고 우려내는 시간은 짧게'다.

결론이 나왔다. 누군가의 말처럼, '천 번을 우려 보고 백 가지의 맛을 만들어보라!'

Power of Tea

홍차의 힘

홍차의 맛은 물에서 나온다

하루에 2리터의 물을 마시면 모든 질병의 80퍼센트를 줄일 수 있다는 세계보건기구WHO의 연구 발표가 있었다. 차와 물과의 관계는 떼려야 뗄 수 없는 공생관계다. 사람이 물을 마시지 않으면 살 수 없듯이 차 또한 물이 없다면 차라고 말할 수 없다. 명나라 때 허차서許次紓는 '차는 필히 물을 빌려야만 그 가치가 빛난다'고 자신의 저서 『다소茶蔬』에서 밝혔다. 차의 결정체는 물이기 때문에 물에 따라 맛도 변화하기 마련이다. 좋은 차를 만들려면 좋은 물이 따라줘야 한다. 시원찮은 차는 물보다 못하지만 안 좋은 물은 차보다 못하다. 그러므로 물맛이 바뀌면 차 맛도 바뀐다.

한국의 물맛은 경수hard water보다는 마그네슘과 칼슘의 수치가 낮은 연수단물, soft water에 가깝다. 일반적으로 센물은 맛이 무겁고 단물은 조금 가볍게 느껴진다. 단물은 대체로 신맛은 높여주고 쓴맛은 내려준다. 유럽보다 우리의 차 맛이 순한 이유는 연수이기 때문에 그렇다. 수돗물은 연수이지만, 물에서 나는 특유의 냄새 때문에 향 맛이 떨어질 수가 있다. 정수기의 온수는 냄새나 불순물이 제거됐을지는 모르지만, 그래도 껄끄럽긴 하다. 수돗물을 포함 3분 이상

팔팔 끓이는 게 차의 풍미를 높여준다.

나라마다 수질이 다른 만큼 차 맛도 달라진다. 그래도 어떻게 끓이는가에 따라 차 맛은 시시

각각 변한다. 차가 수입될 초창기 영국의 물은 마그네슘과 칼슘이 많이 들어있는 경수였다.

식수로는 적합하지 않았던 것이다. 홍차하면 영국을 떠올리게 된 이면에는 물 때문에 홍차

의 보급이 빨리 퍼졌다는 분석이다. 차는 건조된 잎을 물속에 넣고 우려내는 것이라서 옛 사

람들은 '차는 물의 마음이고 물은 차의 몸'이라고 했다. 물이 좋은 차는 차 맛을 보면 알 수 있

다. 결국 물맛이 차 맛인 셈이다. 중국 초당 때의 승려 현장玄奘, 600~664이 쓴 『서유기西遊

記』에 보면 물의 선택으로 몇 가지 조건을 꼽는다.

"물이 가벼우면서 맑으며, 시원하면서 냄새가 안 나며, 마실 때 비위에 맞고, 마셔서 탈이 없

어야 한다."

하루 1.5리터 이상 물을 마시는 것만으로 1년 동안 2.4킬로그램의 체지방을 감소시키는 효과

가 있다. 차와 물은 동격이다. 둘의 공통점은 제로 칼로리라는 점. 과체중에는 물마시듯 차를

마시라고 한다.

"차는 물보다 낫다. 병을 전염시키지 않으며, 오염된 물에나 있는 독성이 없다."

– 작자미상

맛의 예술,

홍차는 다양하게 마셔야 맛있다

홍차는 보는 재미와 마시는 재미를 동시에 선사한다. 예쁜 찻잔과 어우러지는 저녁노을 빛의 컬러는 눈부터 황홀해진다. 세상에 어느 화가가 이 묘한 물빛을 흉내 낼 수 있을까! 과묵하면서 진한 향은 코끝부터 간지럽다. 입안에서 살살 도는 우아한 미각은 차가 아니라, 예술을 음미하고 있는 착각마저 들게 한다. 맛, 향, 색의 3박자 왈츠가 숨 쉬는 곳, 홍차의 세계다.

모든 차는 차마다 특징이 있기 때문에 딱히 어떤 차가 좋다고 말하기는 조심스럽다. 블렌딩 차나 가향차가 되었던 스트레이트나 밀크 티가 되었던 차도 사람처럼 조건에 따라 기분이 달라진다. 어떤 종류의 차를 마시든 같은 느낌은 없다. 짜릿한 향일수록 뒷맛은 부드럽고 떫은 향일수록 입안에서 두고두고 맴돈다.

아침에 마시는 잉글리시 브렉퍼스트Bed Tea는 영국인의 아침을 깨우는 대표적인 '알람 홍차'로 밀크를 첨가해 빈속을 상하지 않게 하면서 간단한 요기도 해결해주는 차다. 점심 후에는 어떤 것도 첨가하지 않은 스트레이트straight 홍차가 좋다. 묵직하면서 깔끔해서 클래식 홍차만의 진수를 느낄

수 있다.

오후엔 밀크를 뺀 애프터눈 티가 어떨까. 하루를 마감하기에 이른 4시경은 몸과 마음이 나른해 질 때다. 차 한 잔 마시면서 정신을 가다듬고 밀린 일을 하면 된다. 저녁엔 찻잎을 조금만 넣어 색감을 아주 엷게 해서 약하게 마시는 스트레이트 홍차가 좋다. 식후에 릴렉스하게 마시는 차다.

시간이 없어 차를 빨리 마시고 싶다할 때는 티백용 홍차가 좋다. 대체로 낮은 등급으로 평가되지만 대신 진하게 우릴 수 있어 밀크 티를 만들 때 적합하다. 안티를 품고 있는 라벨이라도 밀크를 넣으면 정석의 맛을 낸다.

홍차에 대해 잘 몰라 스트레이트 티가 부담스럽다면 밀크티를 먼저 시도해 보는 것도 좋다. 진하게 우러나온 홍차에 우유를 넣는 정통 영국식과 홍차를 끓이다가 우유를 넣고 함께 끓이는 로열 밀크 티 방식이 있다. 다시 말해, 정통 영국식은 우리는 방식이고 로열 스타일은 끓이는 방식이다.

영국식은 부드럽고 깔끔한 맛이 나지만, 우리나라 사람 입맛에는 다소 밍밍하게 느껴질 수 있고 위에 부담을 줄 수 있다. 로열 밀크 티는 끓이는 과정을 거치기 때문에 좀 더 깊고 진한 맛을 낸다. 설탕은 차와 우유하곤 조합이 잘 된다. 소량이라도 넣으면 한층 더 포근한 감을 느낄 수 있다.

블렌딩 차의 자존심이라고 할 수 있는 영국의 포트넘 앤 메이슨과 프랑스의 마리아주 프레르 차도 마니아층이 두텁다. 영국 대 프랑스, 맛에서 어떤 차이가 날지 사뭇 궁금해진다.

최근 우리나라에 상륙한 싱가포르 TWG나 티젠Tea Zen, 혹은 로네펠트Ronnefeldt나 스리랑카 베질루르Basilur, 미국 벨로크Bellocq, 브랜드 홍차도 비교해보라고 하고 싶다. 티젠 티백은 상긋한 샴페인 향이 나는 다질링 가향 차다. 오붓하게 꾸며진 데코 티백만 봐도 온기 가득한 홍차가 될 것이다.

종류가 너무 많아 잠시 행복한 고민이 된다면 브랜드별 베스트셀러를 마셔보는 것도 한 방법이다. 명품 브랜드인 해러즈의 발렌타인 티는 딸기의 달콤한 향이 솔솔 퍼지면서 괜히 누군가 보고 싶어지게 한다. 정열적인 찻잔에서는 설레는 느낌이 증폭된다. 입안에서 침이 고이는 속도가 달라질 테니까.

허니 앤 선Harney & sons 티 블렌딩도 추천한다. 스위트한 향과 맛으로 애호가들에게 변함 없는 지지를 받고 있는 차다.

시간이 된다면 기억의 창고를 뒤져서 미지의 세계로 떠나보는 것도 한 방법이다. 중국, 인도 의 아쌈과 다질링, 실론, 아프리카, 터키…… 각 나라에서 생산되는 차도 음미해 볼 일이다. 마치 꿈을 찾아 파랑새가 있는 곳으로 여행하는 기분이 들것이다.

여럿이 둘러앉아 차를 마신다. 좋은 차는 사람과 사람을 연결해준다. 찻잔을 몇 번이나 비워 도 아쉬움이 남는다. 적어도 세 번 정도는 푸른 잎이 살랑대는 찻잔을 들어야 마셨다는 기분 을 느낄 수 있을 거다. 여유와 낭만이 가득한 예쁜 홍차가 있어서 행복하다.

색색가지 차,
색색가지 맛

지혜가 빚어낸
효능은 덤이다, 발효차

발효차는 무엇이고 발효가 아닌 차는 무엇일까? 우리가 무심히 흘려보내는 대부분의 차들이 발효하고는 상관이 없는 것들이다. 소위 대용차라고 하는 차다. 인삼차나 허브 티처럼 무슨 무슨 차, 라는 것들은 다 여기에 해당된다. 저자가 집에서 정수기 물대신 마시는 보리차, 옥수수차도 대용차인 것이다.

차는 무엇인가? 국어사전을 보면 '식물의 잎이나 뿌리, 과실 따위를 달이거나 우리거나 하여 만든, 마실 것을 통틀어 이르는 말이다'. 이렇게 사전에서는 대용차를 포함시켜 말하고 있다. 이제 이해가 되었다면 차와 대용 차는 확실히 구분해야한다. 요즘은 발효라는 말 대신 산화라는 호칭을 쓰는 편인데, 차나무에서 자란 찻잎만 발효를 할 수 있는 조건이 된다. 사람들이 차에 대해 관심을 쏟는 이유는 건강에 발효만큼 좋은 식품은 없기 때문일 것이다. 옛 사람들은 진즉에 이런 것을 간파하고 건강식품으로 활용해왔다.

그렇다면 무슨 효능을 알고 발효로 만들었을까? 발효의 원조인 된장 간장처럼 차 만드는 기술을 알았다고 생각하지는 않는다. 차의 역사 기록을 봐도 계기는 아주 우연찮게 온 것이다. 차가 약재로 쓰여 진 것은 사람들이 자연과 더불어 살아가면서 자연스럽게 터득한 지혜일 것이다.

"차를 오래 마시면 힘이 솟고 마음이 즐거워진다."

육우의 『신농식경神農食經』에 나오는 글귀다. 바쁜 일상에서 가장 쉽게 구할 수 있고, 장소와 시간 구애받지 않고 편히 마실 수 있는 발효 음료가 홍차 말고 또 뭐가 있을까.

신과 인간이
함께 마시다, 생강차

지구상에는 신이 내린 선물이 두 가지가 있다. 원산지는 둘 다 인도다. 하나는 '신의 물방울' 다른 하나는 아라비안나이트에서 '정력제'로 표현되는, 둘 다 수세기에 걸쳐 효능이 검증된 홍차와 생강이다. 홍차는 90퍼센트 수분에 무칼로리고, 생강은 80퍼센트 수분에 저칼로리라서 이 둘이 합치면 비만 예방에는 두말할 나위가 없다. 향신료의 일종인 생강은 소화 효소를 돕고 열을 발산하는 작용을 해서 냉증치료에 좋고 체내에 쌓인 노폐물과 수분을 배출하는 작용까지 해 준다. 오리발처럼 생긴 생강나무 잎과 알싸한 뿌리는 생긴 대로 향도 그렇다. 맵고 싸한 맛은 생강에 들어있는 '진저 롤'이란 성분 때문이다. 이 성분은 체내의 콜레스테롤 수치를 낮춰주는 역할인데 동맥경화 뇌경색을 예방하는 데 도움이 된다. 생강 속에는 항균 작용을 해주는 쇼가올 성분을 비롯해 탄수화물과 단백질, 칼슘, 인, 비타민C 등이 들어있다.

맵거나 향이 나는 음식은 체기를 풀고 습도가 높을 때 나타나는 몸이 붕 뜬 것 같은 현상을 풀어준다. 습기와 안개 낀 영국에서 홍차를 마시고 동남아에서 향신료를 많이 사용하는 이유다. 이번 라운드에서도 홍차와 생강의 찰떡 호흡이다. 그런데 생강은 감기를 예방하고 몸을 덥혀 주어 추울 때는 좋지만, 위에 자극적이고 열이 많아 편도선이 붓거나 열나는 증세에는 삼가는 게 좋다.

일본의 의사 이사하라 유미는 생강을 먹기만 해도 만병통치가 된다고 책에서 밝힌 바 있다. 슬라이스 한 한두 조각의 생강을 넣은 홍차나 생강 가루와 함께 끓여낸 홍차를 권하는 이유다. 인도의 밀크 티 중에 아드라크 차이진저 티라고 있다. 생강과 밀크를 차와 함께 넣고 끓인 차인데 이것들 셋이 만나면 손맛이 없어도 맛은 일품이 된다. 우리나라에서도 생강은 향 신료뿐만 아니라, 식욕을 돋게 해주고 위를 튼튼히 해주는 한약재로 애용 돼 왔다.

블렌딩, 상처받은 영혼을 치유하다

상큼한 오렌지나 새콤한 레몬, 혹은 장미나 아카시아, 또는 싱싱한 풀내음이 나는 야생화. 여기에 똑 쏘는 민트 향까지, 차와 함께 어우러지는 오색 향에 취해보는 건 어떨지. 향의 나라에 빠져 있으면 기분까지 취해지는 느낌이다. 모두가 건강을 위한 재료이기 때문이다.

마음의 위로를 받고 싶을 때, 심신이 허약해질 때 색색의 향이 첨가된 블렌딩 차를 마셔보라고 하고 싶다. 내 안에 위안의 쉼표가 찍힐 것이다. 몸에 좋은 약재를 골라 한약을 달이듯 효능이 뛰어난 재료가 들어간 차를 마시면 마음까지 힐링이 되는 기분이다. 블렌딩 차가 치유에 활용된 경우가 실제 있다. 캐나다 몬트리올에 있는 W병원 정신과에서 치유 효과가 나타난 사례다. 환자들에게 여러 가지 재료를 주고 원하는 대로 티 블렌딩 해보라고 시켰다. 그런 다음 자신들이 조합한 차를 마셨다. 결과는 놀랍게도 신경증이 완화되어 조기 퇴원하는 환자가 늘었다. 재료를 입히는 과정에서 상상력을 동원한 나만의 작품이 탄생한다는 성취감에 엔돌핀이 솟아난 것이다.

괜히 우울해질 때가 있다면 피부 노화를 막는 경쾌한 블렌딩 차는 어떨까. 로즈와 허브가 만난 허브 로즈 차와 찻잎에 허브가 만난 허브 홍차가 있다. 차 속에 들어있는 카테킨은 활성 산소를 감소시켜 피부노화를 억제해주는 기능이 있고 허브 속에 들어있는 V-C는 멜라닌 색소의 생성을 억

홍차로드

제해주는 기능이 있다.

허브 홍차 레시피(한 컵 기준)

준비물 마른 허브 잎 5그램(잎 3장)과 찻잎 3그램

1 끓인 물을 티 포트에 넣어 예열한 후 물은 따라 버리고 허브 잎과 찻잎을 넣

는다.

2 티 포트에 3분간 끓인 물을 붓는다.

3 3분가량 우리는 동안 티 포트를 살짝 흔든다.

4 스트레이너에 받혔을 때도 한 번 흔들었다가 따른다.

5 찻잔에 담는다.

허브티를 보고 있자니 얼굴이 출렁거린다. 수색은 볼 터치처럼 여린 분홍빛에 향에서는 지나간 추억들이 뭉게뭉게 피어오른다. 현실을 견뎌내야 할 때 허브 차를 찾으세요!

루이보스Rooibos 티도 동안 미인을 만들어주는 데 일가견이 있다. 카페인 제로에다 유해산소를 제거하는 SOD성분이 함유되어 피부 검버섯이나 사마귀가 생기는 걸 막아주는 효능이 있다. 물 마시듯 루이보스 티를 마셔 보길.

이것저것 다 마땅치 않다, 할 때는 아르기닌이 풍부한 식품은 어떨까. 땅콩, 해바라기 씨나 호박씨 같은 견과류와 유제품, 생선 류다. 아르기닌Arginine이란 아미노산의 한 종류로 항산화 작용, 면역조절기능, 상처치유, 방광염치료와 남성 발기부전 치료, 체지방 감소작용 등 다양한 효능을 가지고 있는 물질이다.

간편하면서 영양 좋은
대중의 차, 밀크티

밀크 티 하면 인도의 차이가 연상된다. 지금은 인도의 상징이 될 만큼 국민차로 부상했지만, 오랜 세월 영국이 통치하면서 남겨놓은 기호품 중에 하나다. 밀크를 첨가했다 해서 일반 홍차와 구별되게 맛살라 차이masala chai, 양념을 첨가한 차라고 부르기도 한다.

차이 말고 밀크 티에 소소한 재료를 첨가하면 다른 키보드로 변신하는 재주가 있다. 초코 밀크 티, 메이플 밀크 티, 진저 밀크 티. 시나몬계피 밀크 티……. 영양가 높은 것들만 상대한다.

그러나 근래에 들어서는 차이도 향신료 없이 우유와 단맛만으로 맛을 내는 '로열 블렌드' 티 방식을 사용하고 있다. 찻잎으로 만들어진 클래식 정통 차만 마시다가 아침 일찍 빈속을 달랠 겸 식사대용으로 만들어진 게 밀크 티, 잉글리시 브렉퍼스트English Breakfast다. 향이 진한 찻잎에 우유와

설탕을 2 대 1로 첨가해 편하게 마실 수 있는 차다.

인도 이야기인데, 하루에도 몇 잔을 마셔야하니까 한 잔의 양이 일반 컵의 반 정도다. 대륙에 어울리지 않게 잔만은 아주 작다. 소주 잔보다는 크고 일반 잔보다는 작다. 성질 급한 사람을 보니까 마신다기보다 털어 넣는 모양새다.

요즘은 노상 카페(!)에서 일회용을 주로 쓰지만 여전히 토기 잔에 주는 곳이 많다. 이 잔을 사용 후에는 길 한쪽 모퉁이에다 던져버린다. 쓰레기도 안 되면서 재활용할 필요가 없는 위생 잔이다. 흙으로 빚어졌으니 흙으로 돌아가는 게 맞다고 말한다. 양이 작은 만큼 가격 또한 착하다.

길가다 보면 포장마차 차이가 손님을 기다리고 있는 걸 볼 수 있다. 이말은 즉석에서 차이 레시피가 가능 할 정도로 만반의 준비가 되어있다는 얘기다. 어디에서나 볼 수 있는 인도만이 지니고 있는 생활문화다.

왈라(아저씨)의 움직이는 손을 따라가 본다. 냄비 속에다 진갈색의 CTC 파우더를 넣은 다음 밀크를 살짝 붓는다. 센 불 위에서 2~3분 후면 몽실몽실 피어나는 방울들이 보글보글 올라오기 시작한다. '점핑' 효과로 인해 점점 더욱 세차게 올라온다. 넘치기 직전에 주전자를 불에서 떼어놓는다. 곧 진정이 되면서 고운 브라운 수색이 드러나기 시작한다.

왈라는 팔팔 끓여진 차이의 냄비를 높이 치켜들고 컵에 따랐다 다시 다른 컵으로 옮기기를 서너 번, 잔에다 나눈 다음 손님에게 건넨다. 몇 번을 옮기냐에 따라서 공기층이 생겨서 맛이 한층 부드러워진다. 따르는 기술은 왈라만의 노하우다. 주위에 에워싼 구경꾼들 표정이 재미있다. 팔짱을 끼고 고개를 갸우뚱하면서 왈라의 손 움직임에 눈도 따라간다.

특히 비오는 날에 김이 모락모락 나는 포장마차를 보면 재촉하던 발걸음도 잠시 쉬어가게 된다. 차이의 단짝은 비스킷 몇 조각. 다양한 과자류가 차 옆에서 어깨를 나란히 하고 있다.

다른 음료는 어떨지 몰라도 차이 만큼은 역시 길표 맛이다. 적당히 요기도 되는 먹을거리의 대표 주자다. 인도에 가서 차이 한 잔은 마셔야, 인도를 가봤다고 명함을 내밀 수 있다.

밀크 티는 위 점막을 보호하는 효과가 있다. 특히 한국 같은 매운 요리에 제격이다.

두 가지 종류의 <나만의 밀크티> 홍차라떼 레시피!

로열 블렌드식 밀크 티(한 컵 기준)

설명 스리랑카 차이에서 유래되었다. 일본사람이 우유의 비율을 다르게 변형시켜 명칭도 로열 블렌드라고 했다. 정통 밀크티에 비해 우유의 양이 두배다. 〈나만의 밀크티〉는 텁텁한 맛을 보완시키면서 간편하게 전환시킨 것이다.

재료 물 한 컵 반, 아쌈 CTC 티 3~4그램, 우유는 컵의 30퍼센트, 설탕 2그램, 극히 미량의 후추 (우유의 비린내 제거).

① 끓인 물을 컵에 붓고 컵을 예열한다.

② 주전자 뚜껑을 열어놓고 찬물에 4가지 재료를 한꺼번에 넣고 센불에 끓인다.

③ 팔팔 3분 정도 끓여야 한다. 넘칠 정도로 끓이는데 넘치지 않게 한 두번씩 나무젓가락으로 젓는다. 식감을 부드럽게 하려면 넘치기 직전에 포트를 들어올렸다가 다시 불 위에 올려놓는다. 그러다 끓으면 내려놓는다.

④ 스트레이너(거름망)에 받힌다.

인도 노점상 아저씨(왈라)가 해주는 방식 그대로 '나만의 밀크티' 레시

로열 블렌드식과 영국식 밀크티

피다. 메인 포인트는 반드시 센 불이어야 한다. 그래야 우유와 물이 부딪치면서 공기층이 생겨 맛이 부드럽게 풀리기 때문이다. 진하게 마시고 싶으면 재료의 양을 두 배로 올려주면 된다. 생강가루는 괜찮지만 계피는 가루를 사용하게 되면 물빛도 흐리고 맛 또한 텁텁해져서 슬라이스를 사용할 것.

영국식 밀크티(한 컵 기준)

설명 영국식 전통 밀크티. 영국에서 찻잎의 떫고 쓴 맛을 완화시키려고 홍차에 우유를 넣어 마시게 되면서 시작되었다. 공복에도 무리가 없어 브렉퍼스트 티로 자리매김 되었다.

재료 물 한 컵 반, 아쌈 CTC 티 3~4그램, 우유는 컵의 10퍼센트, 설탕 2그램, 극히 미량의 후추

① 준비한 재료를 주전자 옆에 진열한다.(신속한 처리를 위해)

② 끓인 물을 컵에 붓고 컵을 예열한다.

③ 컵이 예열되는 동안 끓는 물에 CTC티를 넣고 3분간 우린다.

④ 우리는 동안 컵물을 따라버린다.

⑤ 우려진 차를 스트레이너에 받힌 다음 차속에 신속히 우유와 설탕을 넣고 나무 젓가락으로 젓는다.

注: 따뜻한 우유, 찬 우유 둘 다 괜찮다.

어떤 것을 더 넣을 것인가는 각자의 취향이다.

우리나라 카페에서 주로 쓰는 방식이다.

역시 센 불이 기본이다! 영국식인 경우 큰 찻잎 한 장을 미리 따뜻한 밀크 속에 담아 두면 밀크의 비린내가 가신다.

재료 또한 정석은 없다. 어떤 것을 더 넣을 것인가는 각자의 취향이다. 또한 통잎과 CTC 입자 중에 어떤 것이 나을까. 끓일 때는 잘 우러나는 CTC 홍차가 좋고 우릴 땐 아쌈의 통잎이 좋다.

국내에서도 간편하게 쓸 수 있는 티백용 밀크티들이 나와있다. 딜마의 '맛살라짜이', '스파이스 블렌드', 아크바의 '얼그레이', '스파이스 짜이라떼' 등이 있다.

숙취 해소에도 좋은,
우롱차

우롱차는 잎에서 파란 빛이 난다고 해서 청차라고도 한다. 원래는 중국에서 만들어졌으나, 1890년경부터는 타이완에서도 생산 라인을 가동하고 있다. 육안으로 볼 때 까마귀같이 검으며, 모양이 용의 꼬리처럼 말아졌다 해서 이런 이름이 붙었다. 산화율이 홍차보다는 녹차에 가까워서 녹차로 분류된다. 일본에 우롱차가 소개된 계기도 녹차의 숙취해소 효능 때문이었다는 설이 있다. 1190년경 일본의 가마쿠라막부 시절에 술을 자주 마시는 왕이 이튿날 숙취해소로 차를 마셨는데 숙취가 말끔히 해소되었다고 한다. 소문을 타면서 일본은 아시아에서 2번째로 차를 많이 마시는 나라가 되었다.

이런 제안은 어떨까. 술을 마시기 전 알코올의 위벽 자극을 줄이기 위해 미리 우롱차 한 잔을 마셔두는 거다. 소주는 차와 칵테일하면 단맛이

돌면서 많이 마셔도 머리가 덜 아픈 현상이 생긴다. 마신 뒤에는 차를 조금 진하게 우려 마시면 이튿날 숙취를 줄일 수 있다.

다산 정약용은 '술 마시는 국가는 망하고 차 마시는 국가는 흥한다'고 했다. 좋은 술을 마신다고 자랑하기보다, 좋은 차 한 잔 마시는 걸 자랑할 일이다.

식이 섬유소가 풍부한 영양소

홍차에 혼합 할 수 있는 식재료들은 아주 다양하다. 이 중 하나가 최근 들어 수면위로 떠오른 제7의 영양소, 식이섬유^{dietary fiber}다. 식이섬유의 효능 중에서 일찍부터 주목되어 온 것이 변비 예방이다. 식이섬유를 섭취하면 장내 비피더스균^{bifido bacterium}이 증가해서 배설을 원활하게 하고 신체의 면역력을 높이는 한편 대장암의 발생도 줄여준다. 해초류에 함유량이 많은 알긴산^{alginic acid, 해초산}은 사과, 레몬, 오렌지 껍질에도 들어있다. 그런데 이런 것들은 물과 합치면 끈적끈적해서 먹게 되질 않는다. 찻잎과 말린 껍질로 구성된 혼합형 가향차들이 시중에 많다. 새콤달콤한 향과 맛이 어우러져 한 잔으론 아쉽다 할 거다. 비만 방지에도 효과가 있으니까 해초류나 다른 알긴산 성분 가지고 다이어트에 활용해 봄직 하다. 현미녹차, 사과나 딸기 주스도 좋고 스낵을 곁들일 경우 건조된 바나나나 다시마는 일석이조의 효과를 볼 수 있다.

식이섬유가 많은 식품이라 하면 대개 과일과 채소를 생각하게 되는데 곡류, 콩류와 버섯 등에도 들어 있다. 채소의 영양성분을 비교 조사한 결과에 따르면 유기농 시금치의 식이섬유가 일반 시금치에 비해 1.6배, 상추는 30퍼센트 더 많았다.

식품별 식이섬유 함유량(단위: %/g)

한천 81.29, 해파리 74.18, 미역 37.95, 건조표고 43.41, 현미 2.92, 백미 0.72, 호밀빵 5.21, 식빵 2.55, 강낭콩 19.76, 고구마 2.32, 감자 1.35, 사과 1.63, 딸기 1.52, 바나나 1.48, 당근 2.55, 시금치 2.50, 무 1.34, 배추 1.09, 참깨 11.58, 말린 새우 3.89 등이다.

홍차로드

세계 홍차 연대표

BC 750~500 | 인도『라마야』나 대서사시에서 차에 대한 기록.

BC 300~200 | 인도『베다』경전에서 달마가 차를 마셨다는 기록.

760 | 육우 다경 집필.

1545 | 포루투갈 조반니 바티스타 라무지오Giovanni Battisa Ramusio의 저서
『항해와 여행』에서 차를 소개.

1598 | 네덜란드 탐험가 린스 호텐의 〈포르투갈 항해 여행 목록Travel
Accounts of Portuguese Navigation in the Orient〉에서 아쌈 차나무 최초 소
개. '아쌈 나무의 잎은 마늘과 함께 먹는 채소와 음료로서 그들이
차를 어떻게 마시는가' 기록.

1600 │ 영국 동인도회사 설립.

1602 │ 네덜란드 동인도회사 설립.

1610 │ 네덜란드에서 중국차와 일본차 수입

1650 │ 영국 런던 커피하우스 개러웨이 오픈.

1657 │ 영국 개러웨이에서 차 판매.

1660 │ 영국 찰스 2세 왕정 복귀.

1662 │ 포르투갈 캐서린과 찰스 2세 정략결혼. 차를 혼수품으로 싣고 옴.

1679 │ 영국 차 경매 시작.

1685 │ 영국 제임스 2세 즉위. 왕비 메리에 의해 찻잔 문화 유행.

1702 │ 영국 앤 여왕 즉위. 은제품 티 포트 유행.

1706 │ 영국 토머스 트와이닝이 커피하우스 '톰의 가게' 오픈.

1707 │ 영국 포트넘 앤 메이슨 가게 창업.

1709 │ 독일 마이센에서 유럽 최초로 도자기 생산.

1717 │ 영국 트와이닝사 최초 차 전문점 '골든 라이언' 개점.

1732 │ 영국 상류층 가든에서 티 마시기 유행.

1745 │ 영국 첼시 요업 창업.

1759 │ 영국 웨지우드 요업 창업.

1760 │ 영국 조지 3세 즉위.

1770 │ 영국 산업혁명 시작.

1773 | 미국 보스턴 차사건 발발.

1774 | 영국 웨지우드 요업에서 재스퍼 웨어 완성.

1806 | 인도 아쌈 다원 노동자의 개혁자이자 순교자 머니람 데완^{Maniram}
       Dewan 출생.

1815 | 영국 덜튼 요업 창업.

1816 | 영국이 다질링 합병.

1820 | 인도 아쌈 다원의 싱포족 비사가모와 농장 소유주 머니람 데완이
       스코틀랜드인 로버트 브루스 형제에게 아쌈 차나무 소개.

1823 | 아쌈에서 차나무 발견 공식 기록.

1824 | 2년간 영국과 버마 전쟁.

1833 | 고속선 티 클리퍼 탄생.

1834 | 인도 총독 배티크에 의해 티 위원회^{Tea committee} 설립. 차 시험 재
       배 가동.

1837 | 아쌈 차나무를 카멜리아 시넨시스 종자로 인정. 영국 빅토리아 여
       왕 즉위.

1839 | 다질링에서 본격적으로 차나무 재배. 아쌈 티 컴퍼니^{Assam Tea}
       company 설립. 아쌈 차 영국에서 첫 경매.

1840 | 아편전쟁 발발. 아쌈 나지라 지방으로 아쌈 티 컴퍼니 이동. 중국
       의 아편전쟁. 빅토리아 여왕 결혼.

1841 | 실론 캔디에서 차 첫 재배.

1852 | 로버트 포춘에 의해 인도 다질링에서 다원 출발.

1856 | 다질링 차나무 재배 전 구역으로 확산.

1857 | 인도 아쌈의 싱포 족과 머니람 데완이 민중 봉기 일으킴.

1858 | 인도 아쌈에서 싱포 족 공개처형. 머니람 데완 조르하트 감옥에서 사
       형집행. 영국에 의해 인도의 마지막 남은 무굴제국 식민지로 합병.

1869 | 수에즈 운하 개통. 티 클리퍼 시대 막이 내림.

1872 | 윌리엄 잭슨 제다 기계 발명.

1873 | 실론티 런던에서 최초로 경매.

1874 | 동인도회사 해산.

1887 | 일본에서 최초로 외국산 홍차 수입.

1890 | 토머스 립톤에 의해 실론 다원 조성.

1903 | 아프리카에서 첫 차 재배.

1930 | 미국의 윌리엄 먹케처William Mokercher CTC 기계 발명.

       아쌈에서 CTC 공법기계 도입.

       차의 학명 '카멜리아 시넨시스Camellia Sinensis'로 결정.

1939 | 세계 제2차 대전 발발.

1946 | 영국 소설가 조지 오웰의『한 잔의 맛있는 홍차』간행.

1947 | 8월 15일 인도 독립. 아쌈 주 인도로 합병.

1952 | 엘리자베스 2세 즉위.

1962 | 인도 중국 간 전쟁 종결.

1967 | 아쌈 티 컴퍼니 콜카타로 이동. 이후부터 다원마다 오너가 맡아 관리함.

1987 | 인도 타타Tata 그룹의 회사가 미국에 진출 차 판매 시작.

2003 | 영국 왕립 화학 협회 〈한 잔의 완벽한 홍차를 우리는 방법〉 발표. 아쌈 찻잎을 최고 품질로 선정.

2012 | 인도 정부에서 아쌈 머니람 데완 순교자의 212번째 생일 기념으로 인도 차이밀크티를 공식 음료로 채택 할 것이라고 발표.

참고 문헌

『홍차 수업』, 문기영 저, 글항아리, 2014

『차의 세계사』, 베아트리스 호헤네거 저, 김라현 · 조미라 공역, 열린세상

『홍차, 너무도 영국적인』, 박영자 저, 한길사, 2014

『홍차의 세계사, 그림으로 읽다』, 이소부치 다케시 저, 강승희 옮김, 글항
아리, 2010

『새로 쓰는 조선의 차 문화』, 정민 저, 김영사, 2011

『영국 찻잔의 역사』, Cha Tea 저, 한국티소믈리에연구원, 2014

『녹차문화 홍차 문화』, 츠노야마 사가에 저, 서은미 옮김, 예문서원, 2001

『나는 왜 홍차에 열광하는가?』, 박정동 저, 티움, 2011

이 책에 도움을 주신 분들

장소제공

르쁘띠베르 카페

사진 제공

스마일줌마 김영미

팜카밀레 대표 박정철

Photo provide

Mayur Kumar Gogoi, Assam

Vikramjit Kakati, Assam

Imran Hussain, Assam

Benoy Thapa, Darjeeling